がんばって
働いている
訳じゃないのに、
なぜか余裕ある人が
やっていること。

低コスト生活《ライフ》

かぜのたみ

朝日新聞出版

はじめに

「生活費を見直したい」
「お金を貯めて、暮らしと心にゆとりをつくりたい」
……けど、どうしたら？

仕事がしんどいと思っても、急に辞められる訳ではなく、自分の暮らしに何かモヤモヤしているところがあっても、具体的に何が問題なのかパッと思い浮かばなかったり。暮らしにまつわることって、何から着手すればいいか、わからないことも多いですよね。数年前の私も、全く同じ気持ちでした。そしていまも、精進中の身です。

申し遅れました。はじめまして、かぜのたみと申します。

現在、月7万円（家賃込み）で小さく生活しながら、ネットの片隅で「暮らしと自分をととのえる」をテーマにした「かぜたみラジオ」という音声を、YouTubeでたまに配信しつつ暮らしています。

もともと会社員をしていましたが、自分に合わない環境に身を置き続けるうちに心身の調子を崩し、自分に合った働き方や生活を模索するうちに自然と、少しのものとお金で暮らす生活スタイルになりました。


コロナ禍、インフレ、物価上昇。

私たちの生活を取り巻く環境の変化は、目まぐるしいものがあります。

ラジオのリスナーの方々の反応をうかがうに、ここ数年でこれまでになく「暮らしのお金」について興味を持たれている方が増えたように感じています。

きっと、この本を手に取ってくださったのも、そんな不安を解消したいと思われてのことでしょう。


私からはじめにお伝えしておきたいのは、少しのものとお金で暮らすこと＝我慢ではない、ということです。

「小さく暮らす」というと、「いつも買っていたお気に入りのパンを買わない」というような、何かを我慢するイメージを持たれる方が多いような気がします。

そんな、ぐっと急ブレーキを踏むような我慢は、一時的にはお金が貯まったり、生活が小さくなるかもしれませんが、長い目で見ると負担になり、リバウンドしかねません。

ではどうしたら、生活費を下げつつ、自分なりに満足して暮らせるのでしょうか。

私がたどり着いた答えは、少しのものとお金で暮らすこと＝本来の自分に戻すことだと、捉え直してみることでした。

自分のしたいことを我慢するというよりも、余計なものを背負い込んでしまった生活やお金の流れを、自分本来の形に戻していく感覚で見直すと、生活は自然とサイズダウンし、それほどお金も必要なくなるのです。

つまり低コストライフという暮らし方は、単なる節約ではなく、「等身大の自分に立ち返る作業」ということです。

「節約はやりたいことを我慢すること」と思われている方には、嘘のように聞こえるかもしれません。

ですが、私自身の生活をもって研究を重ねた末の実験結果として、少しのものとお金で暮らすこと＝本来の自分に立ち返った暮らしにたどり着き、私は今、自分の生活にとても満足して過ごすことができています。

低コストライフの考え方はこんな感じです。

例えば、生活費を低く抑えるために「いつも楽しみにしていたスタバでの読書を我慢する」よう自分をコントロールするよりも、「自分はスタバの何が好きなのか」「お金を使わずにできる方法はないのか」と、ちょっと考えてみるのです。

▼スタバが好き

・店内のBGMを聴きながら読書をするのが好き
↓家で音楽を流しながらでいけるかも
・外出先でコーヒーを飲むのが好き
↓インスタントコーヒーをマグボトルに入れて、家にあったおやつを持って、近くの公園でゆっくり過ごすだけでいいかも

こんな感じで「自分は○○が好き」と思っていることも、細かく分解していくと意外なハッピーの元が見つかるのです。

自分が何に満足したり、ハッピーを感じたりするのかを丁寧にひも解いていくことで、「本当に好きなこと」にたどり着くのだと思っています。

それは、知らず知らずのうちに染まっていた思い込みから自分を解放していく作業です。思い込みを手放すことができたら、どんどん暮らしと心は身軽になっていきます。

そうすると、「家で音楽を聴きながらゆったり過ごしている自分」や「公園でのんびり過ごしている自分」など、新しい〝お気に入りの自分〟にも出会え、一つ、また一つと、新しい楽しみが増えていくのです。しかも、お金の力をそれほど借りなくて良くなります。


この本では、お金の使い方や管理方法、衣食住のあれこれ、日々の習慣や考え方まで、私がありとあらゆる試行錯誤を繰り返して「自分で自分を気に入っている状態」を追求した結果としての、低コストライフのメソッドをご紹介します。

また、章の終わりには、私のSNSや「かぜたみラジオ」で募った暮らしにまつわる質問に私なりにお答えする、「かぜたみ相談室」というQ＆Aコーナーを設けました。

「こうせねば」とストイックに取り組むよりも、友達の友達の話、くらいの感覚で気楽に読み進めていただけると嬉しいです。

そして「合わなければやめればいい」という軽い気持ちで、気になったことはぜひやってみてください。

この本にまとめた方法は、基本的にやってみるのにお金はかからないですし、むしろ実行しないでいる方がお金がかかり続けるかもしれません（笑）。

思いのほか、お金の面以外でも気づきがあるかも、です。

私は、ラジオのリスナーの方々から「かぜたみラジオで知った方法で、食費が数万円浮きました」とか「お金の管理が苦手だったのに貯金ができるようになりました」など、びっくりするような嬉しいご報告をいただいたとき、それは私の力というよりも、その方が「必要なとき」に「必要なこと」に出会った結果だと思っています。

きっと、この本を手に取られたのも「必要なとき」で、気になったページがいまあなたに「必要なこと」なのかもしれません。

第0章

低コスト生活《ライフ》とは

第1章

お金をととのえる

第2章

衣食住をととのえる

第3章 思考と習慣をととのえる

第4章　暮らしをキープする心がけ

ブックデザイン　小口翔平＋畑中茜（tobufune）
カバーイラスト　芦野公平
本文図版　朝日新聞メディアプロダクション

第0章

低コスト生活《ライフ》とは

「せねば」のない暮らし

数年前まで、中小企業でごく普通の会社員生活を送っていた私ですが、いまはSNSを更新したり、時々こうして執筆したりして、日々過ごしています。

多くの人と同じく、社会人生活の大半を自分の気分や体調に関係なく働いていましたが、いまは更新を頑張っているときもあれば、自分のキャパシティに応じてお休みしている期間もかなりあり、マイペースに過ごせているのがありがたいことです。

いまの生活を送るようになってから、風邪一つ引いたことがないのが、この生活が自分に合っている何よりの証な気がします。

こんな感じで、全く頑張らない（頑張れない）フリーランスとして暮らして、早いものでもう5～6年が経とうとしています。

こんな自由で適当に過ごせているのも、低コストに暮らしているからで、お金が必要なハイコストな暮らしであれば、30代半ばにもなって、こんなチャレンジな生活は送る気にもならなかったことでしょう。

自分がやってみたいことに躊躇《ちゅうちょ》なくトライできるのが、低コストライフのいいところだとしみじみ実感します。


どなたかにお伝えできるような生活を私は送っておらず、決して自慢できるものでもないのですが、いま現在の生活について書いてみたいと思います。

朝、周りが明るくなってきたら自然と目が覚めて、私の1日がスタートします。

洗面と、筋トレなどで軽く体を動かして、ささっと掃除や洗濯、食事の準備を済ませたら、あとは自分の調子や気分、その日の天気や季節に合わせて、「今日はあれしようかなぁ、これしようかなぁ……」と決めていきます。

タスクが終わらん！　みたいなことはまずなく、夕方頃には諸々のことが大体終了しており、辺りが暗くなれば、私もスリープモードになり、夜は読書か、眠たければあっさり就寝します。

そんな私のライフワークは今のところYouTubeへの投稿で、あとの時間は、昼寝や読書、散歩や美術館に行ったり、時々手持ち株の様子を見ることがあるくらいです。

国内の旅行へよく行っていた時期もありましたが、いまは家で過ごすことが多くなり、この数年で暮らしぶりも大分変わりました。
大人はうっかりすると世間のルールで自分を縛りがちですが、「せねば」や「やらなきゃ」で無理やり自分を動かすのではなく、お天気なら日向ぼっこ、雨なら読書……とそのときにしたいことをただ実行して、自分の小さな望みどおりに過ごすことが「好きなこと」なのではないかと、いまは実感しています。

ある月の私の生活費をざっくりご紹介すると、こんな感じです。

家賃　約5万円
水道光熱費・通信費　約8600円
食費　約3900円
交際・娯楽費　約2800円
服飾・日用品費　0円
↓合計　約6万5300円

詳しくは後述しますが、大枠は家賃込みで月7万円ほどです。

お金を使う先はほぼ決まっていて、普段の食費であることがほとんどです。

家賃や通信費は、音声収録などがなければもっと抑えられるかもしれませんが、ストレスなく暮らすための生活費はこんな感じです。

ですが私も、最初からこの金額で生活していた訳ではありません。

一人暮らしをはじめて約17年。少しずつ少しずつ見直しを重ねてたどり着いた金額です。

今の暮らし方にたどり着くまでさまよった時期のことを、自分では「流浪の民時代」と呼んでいます。

当時の1か月の平均的な支出額を挙げてみると、雰囲気はこんな感じです。

家賃　約6万円
水道光熱費・通信費　約1万5000円
食費　約2万円
交際・娯楽費　約3万円
服飾・日用品費　約5000円
使途不明金　3万～5万円
↓合計　約16万～18万円

最後の金額が重要なのですが、何にお金を使ったかわからない「使途不明金」が、いつも発生していました。

当時はこんなお金の使い方をしがちでした。

まず、職場の人たちに馴染みたくて、「その職場っぽい」服をいつも選んでは買っていました。

服もですが、それよりもお金がかかっていたのがランチやお茶などの交際費です。差し入れのお菓子、ランチはもちろん、夜もみんなと一緒の方がいいと思って、お付き合いも多めです。

「○○さんが好きだと思って」と同僚や上司の好みのものを買って、プレゼントしたこともありました。

こんな日々を送っていると、働いても働いてもお金が抜けていって、「頑張って節約してるのにお金が貯まらない」状態に陥っていました。とても悲しい状態ですね……。

頑張れば暮らしがよくなる教

以前の私は、とりあえず会社に入って働きまくっていれば、お金の不安はなくなるはずと思い込んでいました。頑張ったら必ず報われるはず、と信じ込んでいたのです。

しかし実際はそれほど単純ではなく、身を粉にして働いてもお金が貯まらず、むしろ苦労だけが増えていく謎の現象が起きていました。

例えば、頑張って働いた自分への「ご褒美」にお金を使うこと。どんな方も経験があると思います。

でも、この「ご褒美」も乱発してしまうと、気づけば手元のお金がなくなってしまいます。そもそも、「ご褒美」を乱発してしまうほど無理することがなければ、過剰なご褒美代が発生することもないのです。

あるときは、収入は高いけれど自分の時間が取れず、ストレスで心身の調子を崩し、病院への通院費や治療費にせっかくの稼ぎが抜けていきました。

またあるときは、自分の時間はあるけれど収入はほどほどで、エネルギーを持て余して、無駄なレジャー費にお金を使いがちだったこともあります。

収入の多い少ないよりも、手元に残るお金が肝心なのに、当時の私はそんなことにも気づいていなかったのです。

「仕事ってそういうもんでしょ」と思い込んでいたために、貯金が思うように増えないことも「仕方ない」と決めつけて、自分の働き方を見直そうともしませんでした。

私はこの状態を、「頑張れば暮らしがよくなる教」と呼んでいます。

入信してしまうと、収入だけでなく支出も増え、ある意味「低収入」状態に陥る恐ろしい思い込みです。

この状態が普通になると、しんどいと思っている自分に気づけなくなるのです。

実質「低収入」にならないためには「実際のお金の流れ」を落ち着いて振り返ることが大事です。

いくら恵みの雨がたくさん降っても、貯めておける場所がなければ、どんどん雨は流れていってしまいます。

ただがむしゃらに働けばいい訳ではなくて、得たものをきちんと手元にキープしておく術を身につける必要があります。

低コストライフは、お金の流れをととのえる過程を通して、「せねば」で身重になった自分の重荷をどんどん外していく作業であり、「ありのままの自分で満足している状態」に戻るための手段だと、私は考えています。

もう一つ、低コストな暮らしを送るために大切なのは、「無理をしないこと」です。私が「頑張れば暮らしがよくなる教」から目が覚めたきっかけは、「会社員でいるべき」「集団に所属すべき」という思い込みを疑いはじめたことでした。

会社に勤めた方が収入が安定するのは確かですが、人には向き不向きがあります。気づくのがかなり遅かったですが、私はどちらかというと最高に会社員に向いていないタイプでした。

向いていないことを続けると、結局無理することになり、その埋め合わせとしてお金が必要になる気がするのです。

私は低コストライフで小さく暮らすようになってから、働く時間や場所も、何をするかも、自由自在の生活を送れるようになりました。

自分自身や生活に不満や不安をあまり抱かないようになり、余計なお金を使うこと自体がずいぶんと減りました。

どんな暮らしを送りたいか、どんな生き方をしたいかはみんな自由です。

誰がなんと言おうと、自分の人生は自分のものです。

無理やり、誰かに合わせる必要はないのです。

生きているだけでお金が減っていく不安

世の中にはあらゆる情報が溢《あふ》れていて、自分の価値観を保って過ごすだけでも大変なのに、周囲の意見に影響される機会も多く、「自分」を保つのが難しい気がします。

「流浪の民時代」は、生活の不安から転職を繰り返していた時期でもありました。

毎回ゼロから新しい環境でリスタートして、その分収入に結びつけばいいですが、経済的にも手痛いことの方が多く、その頃が一番しんどかった記憶があります。

「じゃあ、転職せずに1社で長く働けばいい」ということなのですが、落ち着いて仕事選びをすればいいものを、無職の期間に目減りしていく貯金を見るのが不安→入れる会社にとりあえず入社→嫌になって早々に離脱→仕事がない期間が不安……気づけばこんな負のループにハマって抜けられなくなってしまっていました。

そして、いつしかそんな日常のしんどさが普通の状態になっていき、しんどいと思っていることすら忘れて、気づけば自分の送りたい生活からどんどん離れてしまっていたのです。

いまなら、「まず落ち着こう！」と、いったん立ち止まることができそうですが、当時は、「仕事がない」「収入がない」「手元のお金がない」という状態を想像すると不安で頭がいっぱいになり、落ち着いて状況を改善することができていませんでした。

お金の不安は、自分を見失わせ、迷走に追い込みます。

イケてるっぽい風を吹かせてくる人たち

自分に合っていないことを無理してやると、苦痛を癒すためのお金が必要になるものです。

日々の仕事を頑張っているのに、なぜか上手くいかないときは、そもそも合わない環境に身を置いていることがほとんど……というのが私の経験からの学びです。

私が自分から最もかけ離れた生活をしていたのは、東京の南青山にオフィスを構える、ある会社に勤めていたときでした。

最初こそ、オシャレなエリアへの通勤で心が躍ったものの、現実的には当然ながら、高額すぎて毎日のランチにも困る厄介な日々を送ることになりました。

関わる人たちは、港区在住でバブリーな社長夫婦や、デザイナーズブランドで全身を固めた先輩たち、取引先もトレンドが人の形をしたような大手広告代理店の営業さんたち。

そこで働いていると、イケてるっぽい風を吹かしてくる周囲の人たちがこの世の正解であるような気がしてきて、どんどん自分に自信がなくなっていきました。

「この人たちのセンスに馴染めない自分が変なんじゃないか」という感覚になっていったのです。

日々の業務から発生するストレスだけでなく、周囲とのこんな不調和も、結構心の負担になるものです。

学校や会社など、小さな集団で長く過ごしていると、自分が身を置く環境が世界のスタンダードであるかのような錯覚に陥ってしまいます。

「みんなとちょっと違うものを持っていたらいじられそう」とか、「毎日同じような服だと裏で何か言われるんじゃないか」などなど……。

小さな集団だけでなく、「20代の女性ならこんな感じ」とか、「大人ならこういうものを持たねば」など、社会からの価値観の押し付けというか、「なんかそうあるべきもの」も存在している気がします。

学生時代や社会人になりたての頃は、まだ「自分の価値観」がありましたが、社会の多様すぎる価値観の荒波にもまれるうちに、明らかに、自分の基準でお金を使うよりも、他人や環境に合わせた出費が多くなっていきました。

このときの私をスマホに置き換えると、自分本体は64GBなのに、「合わない環境のルール」=「ムラの常識アプリ」をインストールして30GB以上はメモリを食っていた感じです。

そのためデータ容量がすぐいっぱいになり、動作はもっさり、時々フリーズも起こす……みたいな状況で、当然バッテリー持ちも悪かったです。

無駄に重い「ムラの常識アプリ」を入れると、あらゆる不便が生じます。

毎日キャッシュを削除する必要があり、場合によっては保管したいデータも泣く泣く削除せねばなりませんでした。

この場合、クラウドに課金してデータの保管先を確保する、モバイルバッテリーを購入して常に携帯するなど「金と手間で解決する」のは簡単です。

でも、そうしてだましだまし、使いづらいスマホを維持し続けるよりも、スマホ自体を買い替えたり、メモリを食っているアプリを削除した方が根本的な解決になるのではないか、といまは思います。

当時の私はアプリを削除して「ムラを離れる」という発想自体がなく、自分と合わない集団にしがみつこうとした結果、どんどん本来の自分の生活から離れていってしまったように思います。

合わない場所にいると、合わない分を埋め合わせるためのお金が必要になります。

低コストな暮らしは「合わない環境に合わせない」スキルでもあるのです。

他人や周りの環境を基準にしてお金を使うことをやめるだけで、結構な人数の方が低コストに暮らせる気がしています。

港区が世界のスタンダードではないように、もっと別の世界もあるのです。というか、別の世界の分量の方が、明らかに多いです。

こんな広い世界で、合わない環境にわざわざ適応しようとするよりも、無理せず過ごせる場所を探し続けた方が、日々はより良くなると、いまは心底思うのです。

弱くてイケてない自分

「いまの自分」をほどほどに気に入っていれば、無駄なお金も使わなくて済む、というのが私の実感です。

お腹がいっぱいで満足しているとき、それ以上何も食べたくなくなるのと似ているかもしれません。

いまの自分があまり好きでないと「もっと何かしなければ！」「もっと努力せねば」という気持ちになって、いまできていることに目を向けられなくなる……ということを、私は過去に嫌というほど経験しました。

それなりにできていたとしても、自分で自分を認められないので、必要以上に自分に対して厳しくなってしまいます。

そして、いくら努力しても「まだまだ！」となってしまうのです。

そうすると、職場の人間関係で悩むことが増えたり、収入に釣り合わないハードな働き方をしてしまうことになり、どんどん自分をしんどくてつらい方へ追い込んでしまいます。

休日にゆっくり休みたいのに、仕事のことで頭がいっぱいになって上手く休めない……という経験は、誰しも持っているのではないでしょうか。


お金と暮らしの関係性は、収入が安定する→生活が安定する→自分が安定する、つまり「安定した収入が安定した生活をつくる」という見方もできますが、私的にはその逆コースの、自分が不安定→生活が不安定→収入が不安定、つまり「不安定な自分が不安定な生活をつくる」という見方も大いにあり得ると思っています。

「自分なりによくやっている」と思えるかどうかで、日々の過ごし方もかなり変わってくるのかもしれない、とよく考えるのです。


仕事や住まいなど、色々なことを選べるようになった今、ネット上では、2拠点生活、セミリタイア、車中泊、ミニマムライフ……と、多種多様な暮らしを見かけることが増え、生活だけでなく、生き方について思いを馳《は》せられている方も多いと思います。

私はまだまだ精進中の身ですが、いつも心がけていることがあります。

それは「なんでも今手元にある前提で進める」ということです。

暮らしをより良くしよう！と思い立ったとき、自分に足りない部分を補いたくなり、気合を入れてどこかに探しに出かけそうになるかもしれませんが、私は「すでに手元にあるもの」や「いまの自分でいい」とまず認めることが、一番大事だと思うのです。

ありもしない自分の理想をやみくもに追いかけるより、まずはいまの自分を受け止める。

これが、様々な「よかれ」を取り入れて重くなった自分が浮上するための「浮き輪」になります。


私はこの辺りのことで散々しくじってきた「しくじりのプロ」だと自負しているので、ちょっと力を入れてお伝えさせてください。

以前の私は、自分のことを好きになるために、色々と自分で根掘り葉掘り探した不足点を改善しようと躍起になっていました。

でも何も、いまの自分を超好きにならなくてもよくて、それよりも「こんな自分だけど、ほどほどにできてるし、まあまあ頑張ってる」みたいに、かなり緩めに自分のことを捉えることができるようになってから、浪費や散財が減って余計なお金を使わなくなり、働きすぎて心身がしんどくなることもなく、全てにおいて無理せず過ごせるようになりました。

そうすると「自分が無理せずできること」「自分が向いていること」がかなりわかるようになり、「自分が送りたい生活」のアウトラインを描けるようになったのです。

「～をしたら、～のようになれるはず」という幻想はさっさと手放し、焦らずじわじわと「こんな自分でもいい」と弱くてイケてない自分を気に入った方が、ことは早いのです。

もし、大事な友達が「自分ってダメだ」と落ち込んでいたら、なんと声をかけてあげたいですか？

そこで浮かんだ答えをそのまま、自分自身にもかけてあげてほしいのです。

ハングリーに理想の自分を求め続けるよりも、「いまのままでもわりと良くやってる」と思い直すことで、私は浮上できました。

洗濯物が陽《ひ》に当たってじわじわと乾いていくように、うじうじと考えがちな「ウェットな部分」も時間と共に蒸発してなくなっていくのだと感じます。

「いまのままでもわりと良くやってる」という言葉は、弱った自分にとっての太陽なのかもしれません。

この本では、じわじわ「自分で自分を気に入っている状態」に近づくための方法をお伝えします。じわじわ、が大事です。

次の章からはさっそく、私がこれまでに試行錯誤してきたことを、具体的にあれこれお伝えしていきたいと思います。低コストに暮らす術でもありますし、元の自分に戻るための作業でもあります。

ぜひ、「せねば」と肩肘張らず、「いまのままでも十分だけど、より良い暮らしのヒントになるかも」という感じで、読み進めてみてください。

暮らしや自分の見直しは、ちょっと外の風にあたりに行く……くらいの気持ちで取りかかるのがちょうどいい。私もいつもそう思いながら過ごしています。

コラム

「お天道様次第」の暮らし

低コストに過ごすには、節約意識より、1日の過ごし方の方が大事だと感じます。電気代を削減しようと心がけるより、早寝早起きした方が光熱費はかからず、低コストだけに収まらない良さがあるのです。

私の1日はこんな流れで過ごしていきます。

5:30	起床
6:00	洗面・筋トレ
7:00	読書
8:30	掃除・洗濯・食事準備
9:00	食事
10:00	収録／作業
12:00	食事・休憩・昼寝
13:00	読書・考えごと
15:00	散歩・買い物など
17:00	食事準備
18:00	食事
19:00	読書・考えごと
21:00	就寝

ちなみにこれは春~秋の日が長い時期バージョンです。

日が短い「冬バージョン」はもっと簡略化されるので、比較してみましょう。

7:00	起床
7:30	洗面・筋トレ
8:00	食事
8:30	読書・考えごと
9:00	掃除
10:00	収録/作業
12:00	食事
13:00	読書・日向ぼっこ
16:00	散歩・買い物など
17:00	軽食
17:30	読書・考えごと
18:00	明日の食事準備
19:00	就寝

冬場はどうしてこうなるかというと、寒くて暗い時間が長いからです。

私は太陽の動きと共に過ごしているらしく、日が昇って明るく暖かくなってくると日が覚め、日中気温が上がってくると活動的になります。

日が沈むと冷えるので、早々に寝床に入り暖をとっているうちに寝る……という流れです。

冬から春に近づくにつれ、私の起床時間も早くなり、就寝時間は遅くなっていきます。秋から冬へ近づくと、年末あたりを境に、冬バージョンにシフトします。人間の体のリズムというのは面白く、意識しなくても、起きたり寝たり、活動的になったり……季節や気温、天候と共に移ろっていくようです。夏場が一番アクティブで活動時間が長く、冬場はほぼ寝ているか、日向でまどろんでいます。自分の調子の良さに合わせると「お天道様次第」になりました。

こういう昆虫か動物みたいな人間が一人くらいいてもいいのかなと思って過ごしています。

自然に逆らって過ごそうとするとお金がかかるのです。

ただ自然に沿って、夏なら夏の、冬なら冬の過ごし方をしているだけで、自分の中の感情の動きや体のリズムなどもととのってきて、ストレスなく自分や自然とも付き合えるようになりました。

わざわざ抗わなくていいところは、自然にゆだねてもいいのかなと思って、今日も私はこんな1日を過ごしています。

第1章

お金を ととのえる

わからないから不安になる

心地いいと思える生活を実現するには、一体いくら必要なのか。

必要な貯金を確保するには、どのくらい働いて工面すればいいのか——具体的に金額を把握していなければ、生活やお金の不安は募るばかりです。

その「わからない状態」を式で表してみると、こんな感じではないでしょうか。

1か月あたりの生活費?万円×12か月＝1年間に必要なお金?万円

お金や生活のわからない部分を「?」のまま置いておくと、驚くほど不安は大きくなっていきます。わからないでいると、怖くて不安になるものです。

でも、「実際の生活費」と「理想の生活費」を明確にすれば、不安は薄れ「取り組むべきこと」が見えてくるのです。

ただし、いきなり理想の暮らしに焦点を合わせるのではなく、まずはリアルで等身大の現状の支出を一度把握しておくことが大切です。

（実際の生活費の例）1か月あたり12万円×12か月＝1年間に必要なお金144万円
（理想の生活費の例）1か月あたり10万円×12か月＝1年間に必要なお金120万円

「実際の生活費」と「理想の生活費」のギャップがざっくりとでもつかめれば、削る金額は月2万円、年間で24万円……とすぐにわかり、理想と現実の差がはっきりします。

あとは収入や支出のペースを、この金額に合わせていくだけ！　というのが、私が思い描いているイメージで、いまもそのような感じで暮らしています。

仕事も生活も、全体で見て一番過ごしやすそうなフレームを見つける、という感じでしょうか。

これまで風の吹くままに、東京23区から山に囲まれた地方まで、あらゆる土地に住んできて思うのですが、家賃の差はあるものの、トータルの生活費は（単身住まいの私の場合は）それほど変わらなかった気がします。

例えば、地方で家賃が低い場合でも、車にまつわる維持費（駐車場代、車検代、ガソリン代など）がかかったり、食費や日用品代はあまりかかからないものの、地域のお付き合いに参加する交際費が必要だったり……などです。

生活費＝どこに暮らしていてもかかる最低限の生活費が把握できていると、転職や引っ越しのハードルが下がって、本当にフットワークが軽くなります。

反対に、いまの自分の過ごし方と住環境が合わなくなっているのに、無理やり現状を維持しようとすると、必要以上に持ち物やお金が必要になる気がしています。

同じ環境で満足できるならいいですが、時と共に、心地よいことや好きなことはもちろん、働き方や趣味、そしてそれらに合った持ち物や住まいは地味に変わるものです。

私の生活費と持ち物が少ないのも、自分自身がこれらの変化に伴って、その都度持ち物を変え、住まいを変えてきた経験からです。

そのときの自分に合った環境や住まいにいれば、気持ち的にも軽やかに、経済的にも低コストで過ごせるのではないかなと思っています。

低コスト生活《ライフ》のリアル生活費

こちらが現在の私の、ある月の生活費です（10円単位四捨五入）。

〈固定費〉
家賃　5万円
水道光熱費　水道1500円　電気・ガス1700円
通信費　5400円

〈変動費〉
食費　3900円
交際・娯楽費　2800円
服飾・日用品費　0円

→合計　6万5300円

それぞれの項目を軽く見ていきます。

まず一番お金がかかるのが家賃です。快適な住環境はかなり重要な要素なので、家賃は無理に削りすぎないようにしています。

水道光熱費は、一般家庭にある冷蔵庫やエアコン、電子レンジなどの家電が、うちにはほぼないため、光熱費が低く抑えられています。また、電気・ガスの契約会社やプランはこまめに見直していて、各社の乗り換えキャンペーンなどを利用するようにしています。

通信費は、ほぼWi-Fi利用料です。ちょっとお高いと思いながら、事情により背に腹はかえられず、魔の「●年縛り」で契約してしまったため、身動きが取れず残念です。

食費は、普段スーパーで買う、野菜、卵、果物代です。米、味噌、煮干しなどの乾物類といった基本的な食材は、ふるさと納税の返礼品なのでこちらには含めていません。

交際・娯楽費は、ほぼ喫茶代です。仕事と息抜きのため、そして家から出て世の中の動向を肌で感じるために、必要な費用です。ほとんどないですが、知人とのランチなどの支出が出てきたら、こちらに入れます。

服飾費は、この月はかかりませんでした。手持ちの服を差し替えることもありますが、服選びが面倒すぎるのであまりしません。インナーや靴下を買い替えるときなどに服飾費が発生します。実際にどんなものを持っているか、選び方など、こちらも詳しくは2章でお伝えします。

日用品費も、この月はかかりませんでした。毎日使う消耗品（トイレットペーパー、石鹸、ゴミ袋、文具など）は、半年分程度まとめて購入していて、いつもおおよそ２６００円ほどです。１か月に換算すると平均４００円ほどになります。季節によっては、ここに「野菜の苗」や「真夏に台所に出る黒い虫対策費」などの細々とした金額を入れ込むこともあります。

先取りするのは、貯金ではなく生活費

節約や貯金の話で必ずおすすめされているのが収入から先に貯金分を引いておくという「先取り貯金」ですが、私の生活には合いませんでした。

毎月一定金額を貯める余力があるなら、先取り貯金はかえって遠回りに思えたのです。

私が色々な貯蓄法を試す中で、先取り貯金について気になった点を挙げてみます。

一つ目は、収入によって生活水準が上下する、という点です。

前述した「流浪の民時代」は、転職などをして収入が上がったとき、一緒に生活水準も変化していました。

貯金額を固定（先取り）すると、収入の変動に応じて生活費に回せる金額が変わってしまうのです。

できることが増えた！　買えるものが増えた！　というポジティブな面がある一方、なんらかの事情でまた収入が下がったら、できることが減ってしまいます。

ずっと収入を右肩上がりにできればいいですが、会社員だと難易度が高すぎます。

収入の増減に一喜一憂するのに、疲れたことがありました。

二つ目は、余裕ができてもその分使いがち、という点です。

残業代が多いなど、いつもより臨時で収入が増えた際、突如発生した金額を扱うのが結構面倒でした。

「収入の20％を貯金する」として先取り貯金するにも、毎回、今月の給料×20％の計算をして、先取りしておくのが超絶手間なのです。

いつもより多めの分は丸ごと貯金！　というルールを自分で決めていればいいですが、

そうはいかないのが世の常……。

会社に勤めていたときの私は、「頑張ったご褒美」に毎月の余剰金を普通に使っていました。残業代が多くてもその分、出勤前に気合を入れるためのモーニング代、息抜きのためのお菓子やお酒代、残業が続いて気力が尽き果てた際の外食代……などにお金が消えることになり、〝生活するための本来の生活費〟の見直しをしたいのに、「日々のストレスの対処」に振り回されて、上手く支出を見直せないことがありました。

月々一定金額を貯金できる人は、生活費を固定にした方が貯蓄スピードが速くなるのではないか、というのが私の結論です。

そんな私が最終的にたどり着いたのは、「生活費を先取り」して、それ以外の金額は全て貯金にまわす方法です。

この〝先取り生活費〟方式に切り替えてから、貯金のスピードは速まり、生活費の無駄もかなり削減できるようになりました。

〝先取り生活費〟方式を採用することで、「よりよい生活のために（無限に）稼ぎ続けなきゃ！」という思いから解放された気がします。

自分の生活費の目安を自分で決めて過ごせるようになると、心地よく日々過ごすにはどのくらいの生活費が必要なのか、明確に把握できるようになります。

生活費をあまり変動させないのなら、どのくらい収入を確保すればいいのかの匙加減がはっきりするのもいいところです。

自分で生活費を決めて、支出を管理して、その範囲で暮らす。

自分で自分の生活のフレームを先に決めてから過ごす方が、貯蓄額をずっと気にし続ける生活よりも俄然ラクで、精神衛生的にもとてもいいと思っています。

そして自分で生活費を決めていくうちに、不思議と「もっと小さくできないのか」と思うようになってくるのです。

私は、この生活費を先取りするパターンがあったからこそ、自分なりの低コストライフを深めていくことができました。

では実際に、私がどんな流れで生活費を管理しているのかをご紹介します。

「自分にとっての」固定費・変動費

私は、「固定費」と「変動費」をそれぞれの金額の把握と支払いがしやすいように、大まかには次のような支払い方法に振り分けています。

私にとっての支出管理は、日常生活の中で支出頻度が高い項目の節制と、自分の最低限の生活費を把握するためなので、それがわかればよし、としています。

・家賃など生活のハード面的な「自分の工夫で金額を変えにくい」ところ
↓口座引き落とし
・食費など生活のソフト面的な「自分の工夫で金額を変えやすい」ところ
↓手元のお金から支払い

「自分の工夫で金額を変えやすい」支出の中で、一番見直しが効くのが交際費です。

多くの人が聖域にしがちな費用ですが、「交際費はかかるもの」と放置するのではなく、もし会社の飲み会代なら「自分の工夫で変えにくい」、友達とのお茶代なら「自分の工夫で変えやすい」と分けてみるのです。

見極めのコツは、相手や状況によって「自ら払いたい交際費」なのか、「あまり払いたくない交際費」なのかを考えてみることです。

つまり、交際費の見直しから、人間関係の見直しに変化させるのです。

ドライに聞こえるかもしれませんが、いくらお付き合いが大事だとはいっても、自分は一人しかおらず、時間にも限りがあり、全てには対応しきれません。それならはじめから、自分が無理せず対応できる広さと深さで人間関係を築いた方が、大切な人との時間を有意義に過ごすことができると思うのです。人付き合いのために自分と生活費を削り、自分を削った分ほかの娯楽費などで補填しなければならなくなってしまうのは、本当に本末転倒です。お金や持ち物の管理と同じく、人との関係も自分がきちんと管理できる範囲に留めておく必要があるということを、私は生活費の見直しをしていて気づきました。

いまの生活にかかっているお金＝本当に暮らしに必要な金額なのだろうか。ということを確かめるためにも、身の回りの整理整頓も大事ですが、まず着手すべきは支出の見直しだと思います。

生活費が低く抑えられていると、環境や収入が変わっても暮らしがブレにくくなる、ということを私はいまの生活で実感しました。

収入との兼ね合いで、必要に迫られて金額を抑えるというよりは、自ら望んで実行するからこそ、このメリットを最大化させることができると思っています。

私の支出管理ルーティン

私が「締め作業」と呼んでいる、毎月の支出管理ルーティンをご紹介します。大まかな流れとしては、こんな感じです。

STEP0　支出の記録収集……お金を使ったら必ずレシートをもらっておく
STEP1　締め作業……レシートで当月の支出を見直し、来月の予算を決める
ついで作業1……電気・ガス会社の見直し
ついで作業2……貯蓄簿《ちょちくぼ》をつける
STEP2　お金の振り分け……STEP1で決めた予算を各口座に振り分ける

▼STEP1　締め作業

手順①　STEP0で集めた1か月分のレシートを支出項目ごと（食費、喫茶代など）に仕分け、それぞれの合計金額を出してエクセルシートに入力する

手順②　レシートの内容を見て、買いすぎているものがないかチェックする
手順③　レシートで把握した金額を元に、来月の目標と予算を立てる（例：来月は喫茶代1000円未満にする、など）

手順②がわりと大事で、ここで買いすぎているものがあれば、「今後は買わないようにできるのか」「まとめて購入して少しずつ消費した方がいいのか」「代替品はないのか」などの今後の買い物計画もあわせて立てておきます。

手順③では、レシートを見ながら、来月の予算を具体的に決めていくのが重要です。現状の支出額に基準を合わせず、目標額を掲げておくのがいいと思います。

手順③で立てた目標は、日々意識できるような工夫が必要です。私は目標をメモに書いて目に入る場所に貼っています。

メモには目標だけでなく、「今月株主優待2件届く」など、楽しみの予定も書くようにすると、我慢する感覚がやわらぎます。

支出を抑えたいときはもちろん「来月は多めにお金を使う予定がある」というときも、この締め作業の段階で予算を決めておくと、毎月の支出が行き当たりばったりにならず、体感的にコントロールもかなりしやすいです。

▼STEP1 ついで作業1　電気・ガス会社の見直し

億劫《おっくう》になりがちな電気・ガス、スマホなどの契約会社やプランの見直しも、締め作業の際に行うことが多いです。

1か月当たりの光熱費を振り返りやすい月末のタイミングで各社の情報をチェックしておき、必要なら乗り換えを検討しておくと、手続きの先延ばし防止にもなります。

▼STEP1 ついで作業2　貯蓄簿をつける

「貯蓄簿」で毎月の貯金額や投資額の変化を記録しておくのも、支出を削減するのに効果的です。

無駄をなくして我慢！　とするとしんどいですが「これだけ貯金できた」「積み重ねられた！」と実感できる貯蓄簿があると、前向きに取り組めます。

家計簿アプリを数種類試したこともあるのですが、苦手で結局やめてしまいました。私がローテク人間だからだと思いますが、自動でやってくれる工程が多く、操作が簡略化されていて（当然なのですが……！）、なんだかプロセスを楽しめないのが味気なかったからです。いまは、あえてエクセルシートで記録しています。

ここまでが、私が毎月末に行っている締め作業です。

レシートをよく見たり、来月の予算を決めたり、やめること・することを決めたりと、盛りだくさんの内容です。

集中力を使うので、頭が冴えている「月末の朝に実施する」と決めて、毎月の行事感覚で実行しています。

▼STEP2　お金の振り分け

ようやく、ここから日々使う生活費と貯金を分けていく工程に入ります。

ここで登場するのが〝先取り生活費〟方式です。

手順①　手元に置いておく生活費の額を決めて口座に残しておく

手順②　残りの収入を「口座1」と「口座2」に分ける

手順①で手元に置いておくお金は、基本的にATMなどで現金化しています。

このときのポイントは、ATMでお金を下ろすのは月に1回だけと決めて、余分にお金を下ろさないことです。

以前は「いざというときのため」と思って、必要額よりも心持ち多めにお金を下ろしていたのですが、見事に全額使っていました(笑)。

私の経験上、いざ！ということが起こる確率は10％以下で、普通に使う確率は90％以上です。

何より、いざ！ということが起こらないように、日頃から色々と計画して過ごす方が大事ということも、お金をあまり引き出さないようにしてから学んだことの一つです。

下ろしたお金を使うときは、ひと手間かけてICカードにチャージして使っています。

私的には「現金↓カードチャージ方式」が一番節約効果が高かったからです。

チャージ先は2種類で、「交通系IC(主に交通費の支払い)」「スーパーのチャージカード(主に食料品や日用品の支払い)」と、使用用途ごとに分けています。

手順②では、残りの収入から、家賃や電気・ガス代などの固定費を「口座1」へ入れ、残りは全て貯金や投資分として「口座2」に仕分けます。

このとき、手数料が無料になり、自分も手間がないよう、銀行選びや入金方法も試行錯誤を繰り返しました。

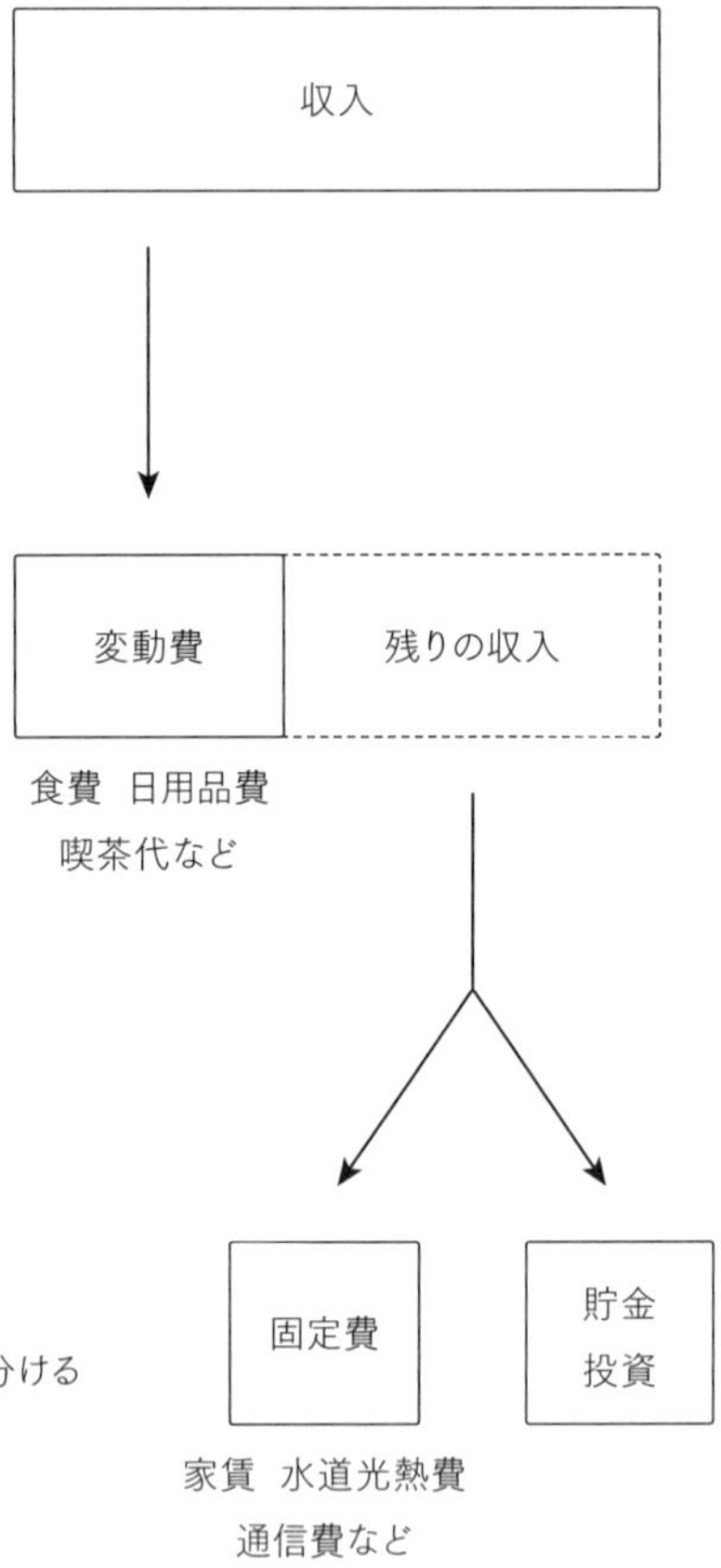

〈 手順① 〉
手元に置くお金を決める

〈 手順② 〉
残りの収入を２つの口座に分ける

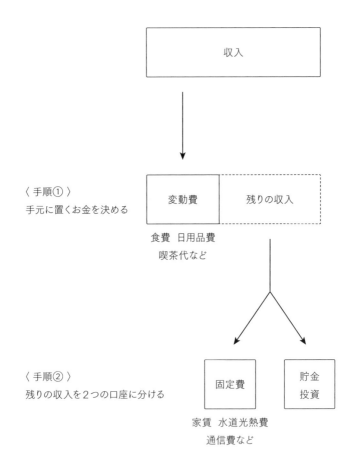

以上が私の生活費の管理ルーティンです。

かれこれ2〜3年はこの流れなので、最適化できたと思っています。

いきなり、「自分の最低限の生活費とはどのくらいなのか」をイメージであれこれ膨らませるのではなく、まずは、今の生活費を基準にして真剣に考えてみると、働き方や貯金、投資の方法までの一式を最適化することができる気がします。

流されるまま色々なことにお金を使っていると、お金がいくらあっても足りません。だからといって使うことを厳密に管理し続けるのはしんどいので、「自分の生活費は10万円」などと決めて先取りしておくと、生活費は自然と落ち着く体感です。

むやみに満足感を追わなくなり、収入額で自分の価値を決めたり、生活の充実感を求めたりしなくなり、気持ちと働き方、生活全てにゆとりが生まれるようにもなりました。

「毎月●円貯める」ではなく「毎月●円で暮らす」と決める——たったこれだけの心がけで、ラクにお金を貯めることができます。

〝先取り生活費〟方式で過ごすうちに、スマホやネットに張り付いて商品を選ぶことも減り、世の中に溢《あふ》れているものもサービスも「自分には関係ない」と線引きできるようになりました。

自分に必要なことが決まっていれば、それ以外のことにはそれほど関心を持たなくなるようです。

私の求める生活は、「お金が貯まる生活」ではなく「安心して心地よく過ごせる生活」です。

生活費を収入によって変動させない〝先取り生活費〟方式で、気持ち的にも、経済的にも、かなり色々なことが上手くいくようになりました。

これまではあちこちにお金を使えることが「自由」なのだと思ってきましたが、自分が必要なことに必要なだけお金を使うことが自由なのだと、今は考えています。

合わない方法はさっさとやめ、自分に合う方法を見つけ出した方が管理もラクです。

それに気づけたのは、先取り貯金の不便な点を自分なりに改善していったからです。

必要は発明の母とはよく言ったものです。

無理に一般的な方法に合わせず、自分なりの蓄財法ができれば、それが一番ラクにお金を貯める仕組みになると思います。

月前半は使わない、月後半は豪遊

自分が余計なことをするのをセーブするだけでお金が貯まりやすくなると強く実感したのが、「月前半は使わない、月後半は豪遊式」という、お金を使うタイミングに関する仕組みです。

お金を使うタイミングをざっくり決めるだけで、これほど浪費が減って、楽しみがより楽しみになるとは！　と、この仕組みを取り入れはじめた当初は、非常に驚きました。

お金を貯めるのは我慢や節制ばかりかと思いきや、です。

「月前半は使わない、月後半に豪遊式」とは、月前半の出費は、必要最低限の食料品を買うくらいに留め、後半に予算を使いたいことに使う（豪遊する）というものです。そのほかの難しい決まりは何もありません。

この方法は私が発案したものではなく、以前とあるネット記事で知ったものです。

シンプルな方法なので気軽にトライしやすく、いざやってみると、あまり自分の意思を使うことなく、ラクにお金の流れをととのえることができました。
私の毎月のお金の流れはこんな感じです。

第1週　片付けや掃除、仕事に集中、基本家にあるもので過ごす
第2週　家にあるもので過ごしながら、下旬の楽しみを計画しはじめる
第3週　やりたいことにお金を使いはじめる
第4週　思いっきり豪遊！

▼第１週

第1週は、片付けや掃除、仕事に集中して、ストックを消費しながら過ごします。家もきれいになり、やるべきことにも着手できて、いいこと尽くしです。食費が激減して、収納スペースもすっきりするので、クセになる気持ちよさがあります。また、自分がいかに衝動や習慣から不要な買い物に行こうとしているのか、実感できる期間でもあります。

自分でも気づかないうちに、何となくちょっとお茶しに行ったり、家に食べるものがあるのに、買い物していたりするものです。

それを自覚せず日々お金を使っていると、それでは貯まるものも貯まりません。

「第1週はできるだけお金を使わない」と決めていると、お金を使いたくなったときにハッと思い返せて、軽い気持ちでお金を使ってしまうのをセーブできるのです。

▼第2週

第2週は、ジリジリと楽しみの計画や下準備を行う週です。

この期間を設けるとお金を使うことに慎重になるだけでなく「自分が本当にしたいこと」が精査されるのがすごいところです。

じっと禁欲的に過ごす訳ではなく、「必要かな」「欲しいかな」と思ったものは、安く買えるタイミングがあるのでは、新品でなくてもいいのでは、家にあるもので工夫して使えるのでは……など、安く買う方法や代用アイデアを出し続けます。

例えば、新しい洋服が欲しいとします。

ここで、各ショップでアイテムを比較検討するような「買う」を前提に行動するのはできる限り控え、新しく買う前に、そもそも手持ちの服を活用できているかチェックしてみるのです。

「夏　白シャツ　コーデ」などでネット検索し、手持ちの服のコーデ例を見てみると、

「こういう着方もできるのか」と新しいスタイリングが見つかったりして、欲しい気持ちが薄れる場合もあります。

▼第３週

第3週は、第2週で精査した「やりたいこと」を実行に移していく段階です。

ここで「待ってました！」と勢いよくお金を使うのではなく、優先順位の高いものからお金を使うようにするのが大切です。

優先順位の高いものとは、例えば「いますぐ使いたいもの」「不足していると暮らしにくくなるもの」などです。

優先順位が低いものとは「いますぐにはいらないもの」「もう家にあるもの」などです。

優先順位は低め、でも興味をひかれているものは、服であれば「試着しに行く」「素材を確かめる」など、まずはお金を使わない方法からじわじわと行動に移していきます。

「試着してみたら全然似合わなかった……」「実際に見たら想像と違った！」はよくあることです。

私は基本的に、洋服や靴、手に持って使うものなどは、リアル店舗で見たり試したりしてから買うようにしています。

ごくたまに計画を立てて買いに行ったものが、お店で売り切れていることがありますが、そういうときは、「ご縁がなかった」と思うことにしています。

その方が、何軒もお店をハシゴして求めに行くよりも、後々もっと良いことが起こるのも珍しくないからです。

なぜかラッキーなことに、自分のお金を使わなくても似たものが手に入ることも度々あります。欲しいときになかったら潔く諦めた方が何かといいようです。

「欲しい」「必要」と思っていても、実際に手に取ってみたり、よくよく考えてみたら、買わなくてもいいものは本当にたくさんあります。

先ほど紹介したような方法をいくつか試してみると、「欲しい気持ち」もだいぶ静めることができるのではないかなと思います。

▼第4週

第4週は、ついに豪遊ウィークの到来です。

豪遊といっても、「ちょっとやめておこうかな」と自制していたことを一時的に緩めるイメージで、普段プチ自制している「ちょっといいこと」をしてみる感じです。「ここからここまで頂戴」という大人買いや爆買いをする訳ではありません！(笑)

例えば、ちょっと気になっていたシャンプーとトリートメントのサンプルを買って使ってみる、行ってみたかったカフェでお茶する、スタバのドリンクを思う存分カスタマイズする、などでしょうか。

ちなみに私の豪遊パターンは、「入り用のものをまとめて購入する」だったり、「美術展をみる」などです。

日頃から実行していると「なんてことないこと」になるかもしれませんが、豪遊ウィークに行うスペシャルなイベントに昇格させる方がずっと楽しいことに気づきました。

金額でなく頻度とタイミングを変えるだけで、満足度がかなり上がるものです。

私がこれらの「身近なレベル」で満足することができているのは、普段から「体の栄養」と「心の栄養」を分けて考えているからだとも思っています。

例えば、私は支出を管理するとき「食費」と「喫茶代」を分けるようにしています。

喫茶代を食費に含めている時期もあったのですが、自分の欲求通りに過ごすと、外食のありがたみが激減したり、食事を摂ること自体が面倒になってほとんど毎食コーヒーとパンだけで済ませてしまう、ということがありました。

「お楽しみの外食」を、普段の自炊とは切り離して記録・管理することで、節約効果だけでなく、体調も良くなり、心の充足感もかなり増しました。

お弁当代や嗜好品代までまるっと「食費」にまとめられることが多いですが、私にとっての「喫茶代」のように、自分がよくお金を使っているものがあれば、支出の管理項目で別立てして観察してみるのがおすすめです。

もしかしたら、第４週の豪遊ウィークにだけやるくらいがちょうど良かった、ということが見つかるかもしれません。

「月前半は使わない、月後半は豪遊式」のお気に入りポイントは、お金を楽しんで使えるようになることです。

「お金を使えばしたいことができる」と思いがちですが、その中には「それほどしたくなくても、お金を使っている」ことの方が明らかに多く含まれているようです。

これらの「優先順位低め」の消費を振り落とすことで、お金を使う機会の満足度が上がるのが、「月前半は使わない、月後半は豪遊式」の超重要ポイントなのです。

もう一つのお気に入りポイントは、月前半のお金を使わない期間に、やるべきことに集中できる点です。

いまも日々実感するところですが、それほど必要ないのについお金を使ってしまうとき、目の前の「やるべきこと」からちょっと離れて気を紛らわせたい心持ちになっていることが多い気がします。

これが積もり積もってくると、無駄遣いが増えたり、やるべきことを先延ばしにしてしまうなど、あとあとシワ寄せがきてしまうことが多いのです。

月の上旬は進めなければいけない作業に集中し、月の中旬から少しずつ買い物に出かけたり、楽しみのお茶をしたりして豪遊すると、1か月間のお金と時間の使い方にメリハリがつけられるようになりました。

月の予算をセーブしながら、楽しみも存分に得られる本当に素晴らしい方式です。

節約や節制、お金を貯めるのにつきまとうのが「我慢」や「自制」だと思うのですが、実際には、セールごとに余計な買い物をしたり、せっかくランチ代を節約したのにコンビニスイーツをつい買ってしまうなど、「余計なことをしている」場合が明らかに多い気がしています。

普段、私はそれほどダラダラ出費しているとも思っていなかったのですが、「月前半は使わない」ときっぱりルールを決めてみると、気づかぬうちにお金を使っていることをはじめて自覚できました。

「こうして知らぬ間に、自分が汗水垂らして得た金が霧のように……」と軽いショックを受けると、自分の行動も改善しやすくなります。

自分で思っているお金の使い方と現実とは、結構かけ離れているものです。

家計簿や支出メモでは、お金を使うペースまでは管理しづらいですが、この方式はペース調整がシンプルかつ簡単で、継続しやすいのも素敵なところです。

貯金を先取りしていると、どうしても日々の生活の過ごし方までは意識が届きづらいのが気になるところでしたが、「月前半は使わない、月後半は豪遊式」は、生活を送ることがメインで、貯金がサブ的な位置づけになることも、自分の生活とお金の流れがスムーズになる秘訣だと感じます。

貯金貯金！　とお金を追いかけ続けるよりも、「無意識にやっている余計なこと」を減らす方が暮らしは充実します。

そして実行しなければ忘れていくことの方が圧倒的に多いことがわかると、お金を使うのを「我慢しなきゃ」ではなく「また余計なことを」と自分の行動を客観的に戒《いまし》めることができます。

月前半は、使わない。後半は、豪遊する。

私はこの方法で生活とお金の流れを大きく改善できました。推しに推すイチオシの仕組みです。やってみてお金が減る訳ではないので、試す価値は大いにありです……！

お金を使う機会を減らすツール

▼支出メモ

やり方：お金を使ったら、その都度「日付」「買ったもの」「金額」をメモする

例：「2月13日　パン　150円」など「今日は何にいくら使ったのか」がわかればOK

コツ：自分の記憶を信用しないこと

買い物の度に細かい金額を気にし続けるよりも、ただ単に、お金を使う日を少なくすれば、浪費も減らせる、ということに気がつきました。

つまり「お金を使わない日」を増やせばいいのです。そのためには、記録が必須です。自分の記憶というのは本当にあてにならないもので、「今日はお金を使っていない」と

思っても、ばっちり使っていた……ということが、私はいまでも時々起こります。

買い物はしなかったけれど、ちょっと休憩でカフェに立ち寄ったことはすっかり記憶から消えていた……という感じで、時間が経つとお金を使ったことをスルッと消しがちなのです。

私はこの「事実」と「記憶」の差をつくらないために、お金を使ったら支出メモにその都度記録し、使った金額がわかるようにしておき、お金を使わなかった日（メモ上で支出0円だった日）が一目でわかるようにしています。

▼買い物メモ

やり方：欲しいものが出てきたら、「買う場所」と「買いたいもの」をメモしておく
例：「ユニクロ　靴下」くらいで十分
　買う場所を探している場合は「買いたいもの」だけでもOK
コツ：時間をおいて必ず見直すこと

買い物メモは、「買い物に行く回数」を減らすための記録です。

支出メモと違うのは、記録した後に「見直し続ける」という点です。

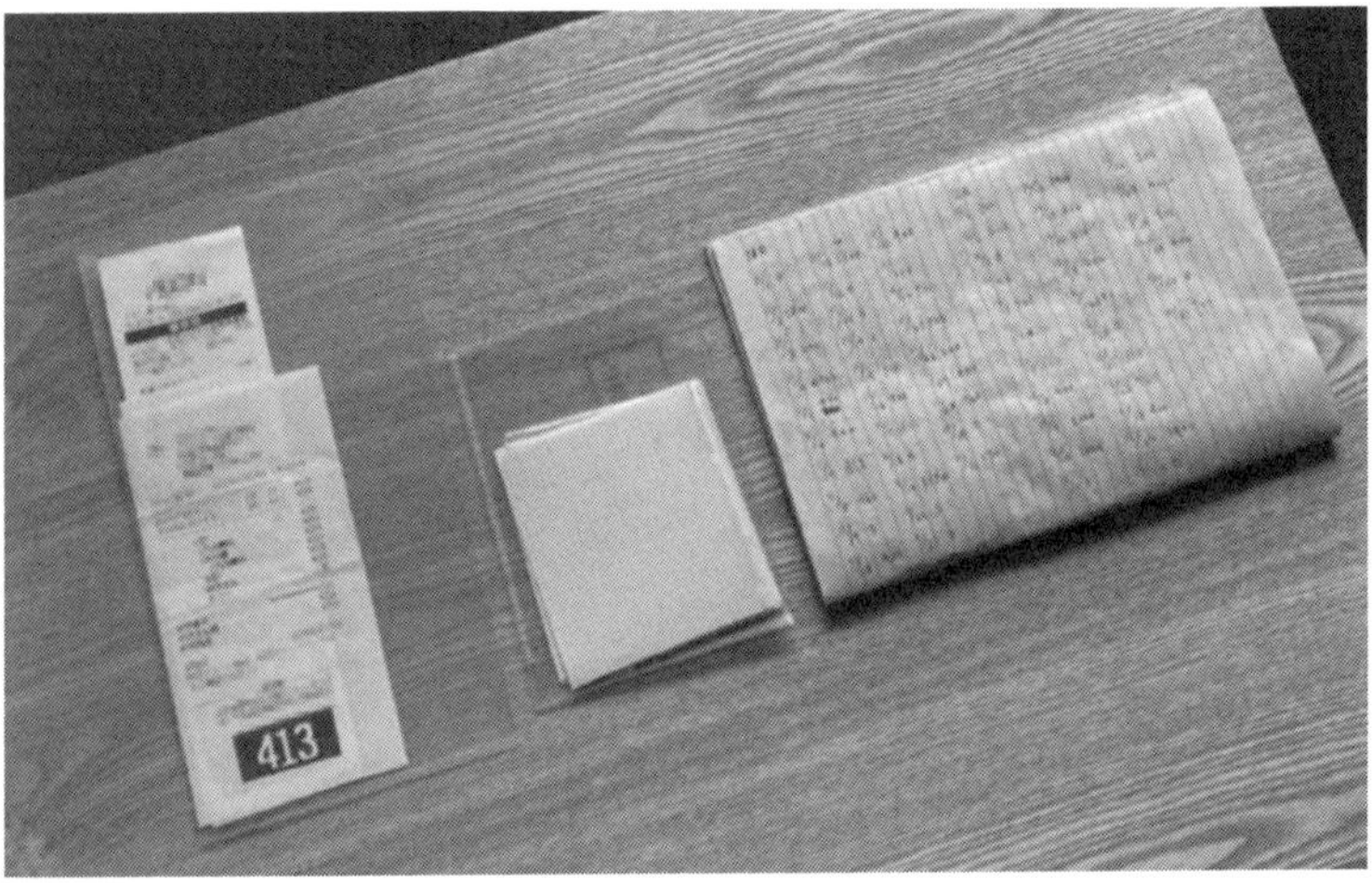

▶右から支出メモ、買い物メモ、レシート入れ。レシートは取っておいて、月末の締め作業に活用します。A4クリアファイルは、しまいたいもののサイズに合わせてカットしておくと使いやすいです

一般的な「買い忘れ防止メモ」と似たようなものですが、書き出した後に、時間を置いて見直していくのがコツです。

そうすると、なぜ欲しくなったのかわからないものが出てきたり、代用できるものが見つかったりして、わざわざ買わなくても済むものがかなり出てきます。

買う必要がなくなったものをメモから消していくと、時間を置いても必要だと確信したものだけ残っていく仕組みです。

支出メモも買い物メモも、特別目新しいツールではないのですが、そ

の効果たるや！

あるのとないのとでは、私の生活費はかなり違ってくることでしょう。

投資があってよかった

この2～3年、つくづく「投資」があって楽しみが増えたな、と実感します。

数年前までは、ただ普通預金に漠然とお金を「保管」しているだけで過ごしていましたが、「いつか使うかも」と思っていた口座のお金が結局は微動だにしていないことが気になり、重い腰を上げて投資を考えはじめました。

自分の生活を守るためとはいえ、私が貯めていた少々の貯金のほとんどは「いつか使うかも」の予備軍で、その9割は使い道が判明していないものでした。

持ち物で考えたら「なんとなく買っておいたけど使ってない」という状態です。

いま考えたら、ものすごくもったいないことをしていた！　と思うのですが、仕方ありません。貯金と違って、自ら決断して船を出さねばならないのが投資です。

当初は、稼ぎたい！　増やしたい！　というハングリーな投資というよりも、普通預金を、つみたてＮＩＳＡなどの投資信託にシフトさせて「自分用の年金づくり」をするという、世の流れについていっただけでした。

証券口座の選び方や開設は、ブログやネット記事の情報で得て、手数料が低いネット証券で口座を開設する……というところまでは簡単に進められたものの、いざ投資する段階になると、途端に難航しました。

これまでやったことがないことに対する苦手意識が強すぎたのか、当時はいまほど情報がなかったせいか、自分一人ではどうも上手く進められなかったのです。

一人で思い悩んでいても仕方ないので、専門の方に手伝ってもらおう……と考え、「ＦＰ○○（居住地）」でネット検索をかけて、独立系のファイナンシャルプランナーさんが主催する無料のマネーセミナーに参加しました。

そこで個別相談をしたところ、「手元の資金のうち、どのくらいを投資に回せばいいのか？」など、一人で悩んでいたことが一瞬で解決できました。

あとはコツコツ毎月投資信託へ積み立て続ける……というのが、堅実な方法だと思うのですが、当時、長く楽しめる新しい趣味を一つ増やしたいと思っていたこと、そして貯金や老後資金以外の、お金のより良い使い道がないのかと考えていたこともあり、投資信託に加えて、以前から興味があった株を買ってみることにしたのです。

周囲に株の保有や売買でメリットを得ている人たちがおり、話を聞いていて面白そうだと思ってはいましたが、なんとなく自分には不釣り合いな気がして、やってみる勇気を持てずにいました。いまから考えると、少額でもやってみたらよかったのに、と思います！

はじめに10万円以下の株を2〜3銘柄購入して以来、じわじわと自分の意識と生活が変化していきました。

「お金のことを話すのはどうも」「株って」という空気が世にあるのは確かで、投資や株が楽しい！　ということは、節約術を話すのとは違って話題にしづらい面もあります。

投資や株、というと自分には関係ない世界のことと思う方も多いと思うのですが、私にとっては節約などと並んで、暮らしを構成する1パーツになりました。

お金やものは、誰かに渡すとその人のものになりますが、情報なら色々な人と無限に共有できます。

それで私たちみんなの暮らしぶりがよくなったら、ただ一人で稼いだり投資したりするよりも、ずっと面白いことだと想像しています。

お金を自分のためにただ消費して終わりでなく、経済についてのあれこれや自分のお金の使い方のクセを、気づかせて学ばせてくれる投資が私は好きです。

投資も倹約も、面白そうと思ったらまずやってみると、自分の想像をはるかに超えた新しい世界が広がるのでは、と思うのです。


株を買う種銭《たねせん》を集めるため、「株を買うことを優先とする」という生活を送ってみて、お金は貯め方も大事だけど、使い方を見直す方がもっと大事、ということにあらためて気づきました。

これがもし、ただやみくもに「生活費を削減する！」ということだけだったら、きっと上手く支出の管理を徹底できなかったと思います。

それを超える、実現したい目標があるというのが大事でした。

それまでの自分なら、気分によって「貯金よりも旅行にお金を使いたい」などと、簡単に優先順位がバラバラになりがちだったのですが、株を買うという「強力な圧」をつくったおかげで、お金の使い方にもこれまでにない緊張感が出て、軽い気持ちでお金を使わなくなったのです。

「株が買える！」「少しだが利益が出ている！」という達成感が、あるのとないのとでは日々の過ごし方も大きく変わります。生活にメリハリがつくのも、投資の効果です。

いまは、iDeCoやNISAを使ったインデックス投資でリスク分散しつつ、ストレスや無理のない範囲で、主に日本の優待株や高配当株をぼちぼちと買っています。優待カタログが送られてきたり、配当金が入るのは、株を買っていなければ得られないことです。

当初は、米代を目標にトータル20万円ほどではじめた株でしたが、その目標を達成したいまは、「喫茶代を株主優待でまかなえたらな」と「配当金が入ってくるといいな」に進化しました。

投資先の選び方はシンプルで、受け取れる優待の内容、配当金の金額、株価の割安感で決めています。

中長期保有が目的なので、自分が根気強く持ち続けられる銘柄を買うことも気にしています。

「自分が大きなストレスを感じず、長く保有していられるか」「自分が許容できる範囲のリスクであるかどうか」もかなり大事ということもわかりました。

優待や配当金などの、わかりやすいメリット以外にも、個人的には自分が日常を過ごす中で感じた「あのサービス、今流行ってる」とか「今自分が活用しているサイト」などが、株の状況とリンクしていくことが面白いなとも思っています。

自分の生活と株価が連動している感じというか、経済の世界と自分の日常がつながって、共に面白さを増していく感じがとても良いです。

保有している株の動きに一喜一憂しているときもありましたが、いまは植物の成長をみるような気持ちでそっと見守る余裕も生まれてきました。

次はいつ何を植えるか、どんな種や苗を買うか、どう育てていくかなど、園芸店やホームセンターで物思いにふける……のと同じような感じで株を選んでおり、ベランダに置いたプランターのように日々の楽しみを与えてくれる存在です。

期待したのに芽が出なかったり、思いっきり枯れて悲しいこともありましたが、時々思いもよらぬ花を咲かせてくれたり、果実を実らせてくれることが、私の生活の喜びの一つになっています。

お金を使う前に、頭を使う

「ちょっと気分転換が必要だな」と思ったときにまず何をすることが多いでしょうか。まずググる、それより先に家を出る、まず計画や予算確保をするなど、いろんな方がいらっしゃることでしょう。

この「〜が必要だな」と思った次のステップに、すぐ「お金」が登場する場合は、月々のやりくりが大変になる……というのが、私の学びと気づきです。

例えば、必要だなと思ったときに、すぐ買いに走る人と、手元にあるもので何とか工夫して使う人であったら、お金の貯まり方も生活力も、全てに差が出てきそうなのは簡単にイメージができます。でも本当に、そうなのです。

「ちょっと気分転換が必要だな」と思ったら、まず手元にあることでやってみる習慣をつけると、すでにそこから低コストライフの入り口に立っています。

というのも、「お金がないとできない」と思っていると、お金を使うため支出が増え、

「いますぐできることからやる」だと、あまりお金を使わなくてもよくなるからです。

なぜか浪費が減らないときは、「●●が欲しい」という欲求が強いのではなく、むしろ手元のお金にすぐに頼ってしまって、考えるのを怠けているというのが実態に近いのです。

お金は便利な半面、自分でちょっと考えたり、工夫して解決できることも、「お金がやってくれるし」と怠けさせる作用があります。

「欲しいから買う」「必要だから買う」は実のところ、「怠慢や気分転換としての買い物」である場合がかなり多いと自覚をして過ごしてみると、お金を使わず、自分の持てる力を総動員して過ごすクセがつき、低コストライフを送るための基礎体力が培われていくと思います。


「お金を使わず過ごす」というのは、本当に筋トレみたいなもので、時々思い出したときにやるのでは不十分で、毎日少しずつ続ける方が着実にいい習慣が身につくようです。

山奥などに暮らさない限り、いまの時代を生きる大半の人は、少しのお金を出せば楽しみを得られ、不便も解消できる、かなりお金を使いやすい状況に置かれています。

「すぐお金を使う」方が、どう考えても実行しやすいのです。

だからといって、いちいち節約を意識しながら過ごすのは大変なので、これからご紹介するようなお金を使わない工夫を日々に点在させておくと、ゆとりを持って過ごすことができます。

▼0円デー

0円デーとは文字通り、お金を使わずに1日を過ごすことです。

普段普通に過ごしていると、無意識にお金を使っていることが多い……ということを、私はこの「0円デー」を実行してみてわかりました。

普通に過ごしていると、お金を使うのも普通なことのようですが、でもこの「普通」に流されていると、支出が増えて手元のお金がみるみる減るのです。

0円デーで「今日1日くらいはお金を使わず過ごすぞ」と決めることで、無駄遣いが減ったり、無駄な行動をせずに済み、ちょうどよく過ごせます。

かぜたみラジオのリスナーの皆様からも、「0円デーの日の方がやろうと思って先延ばしにしていたことができました」「0円で1日が大充実しました!」というお声がよく届きます。

私も同じような実感があるので、お金を使うことでむしろ何かを失ってるんじゃないか……と思うこともあります。

0円デーを試す際のコツは、前述した「支出メモ」で日々の支出額を軽く記録しておくことです。

「今月は3回くらい0円で過ごした気がする」などのニュアンスで過ごすと自分に甘くなりすぎるので要注意です（実際は1回だった……などはあるあるです）。

「支出メモ」があると、月末に支出を振り返るときにも「今月は0円デーが多かったけど、そのくらいがゆっくり過ごせてよかったかも」のように行動と共に把握がしやすくなり、お金をあまり使わなくても、日々を充実して過ごせるようになってきました。

あとは、本当にお金を使いたいとき、使うべきときが、よりはっきりわかるようになりました。

楽しんでお金を使えるようになり、「お金を使うことがダメ」というよりも、漠然とお金を使うのがダメだった……ということもよくわかりました。

▼0円ネタ帳

今日は何しようかな……と思ったときに手元にあると便利なのが、0円でできる楽しみ方を集めてストックしておく「0円ネタ帳」です。

子供のときは外に遊びに行けば良かったはずが、大人になるとすぐお金を使おうとするので、あらかじめ「ネタ帳」を脳内にだけでも持っておくと浪費が減ります。

お金を使わず過ごすよう心がけるようになってから、私もずいぶんと「ネタ帳」の内容が増えました。私の手持ちネタの中でも、とくにすぐできそうなものをご紹介します。

□スマホを持たず散歩
□お金を持たずお店めぐり
□チラシや封筒でゴミ入れ作り
□紙ゴミやプラごみで収納アイテム作り
□Googleマップで近所の行きたいところ探し
□服や靴のメンテナンス
□手持ちの服で新しいコーデ組み
□デザイン制作サイトCanva（https://www.canva.com）でスマホやパソコンの壁紙作成

こうして文字で見ると、かなり地味に見えますが、いざやってみると「そうそう、こういうのが必要だった」ということがわかるかもしれません。

普段はスルーされがちですが、本当はこうした「目立たないこと」こそが、自分の生活をつくってくれているんだということを、私もよくよく実感している次第です。
皆様もぜひ、「マイ0円ネタ」を収集してみてください。

▼消費・浪費・投資の仕分け

支出を「消費・浪費・投資」に仕分けるようにしてから、お金が貯まりやすくなりました。

一般的によく紹介されている節約術では、手元のレシートを消費・浪費・投資に振り分けるというものですが、私としてはお金を使った「後」に支出を振り分けるよりも、お金を使う「前」に、自分が実行しようとしている行動が「消費・浪費・投資」だと何に当てはまるか……といつも軽く意識しておく方がいいと思っています。

例えば、「この服買おう！」とレジに持っていくその前に、頭の中で「この買い物は『消費・浪費・投資』どれに当てはまるだろうか……」と一瞬立ち止まって考えてみるのです。

すると、買い替えが必要で買おうとしている「消費」なのか、家にもうあるのにさらに買おうとしている「浪費」なのか、はっきり自覚できます。

「投資」である場合はごく稀《まれ》で、大体が「消費」か「浪費」です。

上手くいくとお金を使う前に「これまでも似たような服を買って2〜3回失敗していたな……」と気づけたりもします。

当然ですが、一度買ったものをお金に戻すのは大変なので、買ってからでは遅く、買う直前でもいいので「消費・浪費・投資」に当てはめてみる習慣づけが大切です。

そうすれば、「せっかく買ったのに、後悔しながら処分する」などの後始末に追われることもなくなります。

「買う直前に振り分けてみる」ことに加えて、前述した次の月の予算を組む際にも「消費は●円、浪費は●円まで、あとの残りは投資」というような、ざっくりした枠組みをつくるだけでも、かなりお金の使い方が変わります。

お金には色々な役割があります。

自分が実行しようとしていることが、「消費・浪費・投資」のどれが多いのかを客観的に見ることができる方法です。

▼妄想メモ

「妄想メモ」は「あれを買ったらもっとこうなるかも！」という自分の脳内シミュレーションをもっと詳しく書き出して、かつ真剣に煮詰めていくというメモです。

洋服などに例えるとわかりやすいですが、買いたい洋服があるとして、どの組み合わせがいいのかとか、他にどんな着方があるのか——などを、妄想メモに文字でもイラストでもいいので、詳しく書き出していくのです。

すると、「コーデは1パターンのみ、しかも1シーズンしか着られない」と事実を確認できたりして、我慢することなく冷静さを取り戻せます。

それでも買いたいなら購入すればいいですが、私の経験ではただ書き出しただけでなぜか「よしよし」と満足するものの方が圧倒的に多いです。

この「妄想メモ」を書いていると、子供の頃、落書き帳に「自分が着たい服や靴」など、妄想力をフルに使ってお絵描きをしていたことを思い出します。

大人になるとお金を使って欲しいものをすぐ手に入れようとしますが、実はこういう「私の理想イメージ」をお絵描きしているときが一番楽しい気がするのです。

「妄想メモ」は、無駄遣いを減らすだけではなく、あれこれイメージを膨らませているときの楽しさを思い出させてくれます。

節約術のなかでも効果が高かったものばかりを集めたところ、巷の節約や貯金術などの紹介でよく見かける方法ばかりになりました。

ですが、実際に実行してみる人というのは少ないかもしれません。

仕入れた情報を活用できるよう、普段から小さなことでも「まずやってみる派」でいることも、低コストライフのコツだと思います。

こうして色々な方法に取り組んでみて思うのは、「自分の衝動を上手くコントロールできれば、浪費は無理なく減らせる」ということです。

どんなことも計画が大事、とはよく耳にしますが、その計画ができていなくて困ってます、という場合が、私たちとお金との間に生まれる悩みのほとんどなのかもしれません。そのために「どうすれば自分の衝動性と上手く折り合いをつけられるのだろうか」と、世に溢れる節約術や支出管理法をひたすらやってみる必要があるのです。

今回ご紹介したことは、どれもお金がかからないことばかりなので、どうぞ気軽にトライしてみてください。

やってみて、不向きだったり面白くなかったら、すぐやめたらいいだけです。

失敗しても「経験が増える！」と思って、どんどん経験値を上げていきましょう！

お金が必要ない環境

お金について考えるとき、「人は環境に左右される」ということを忘れてはならないと感じます。

都会から田舎まであちこちに住んでみて、明らかにお金がかからない環境があると気づいたからです。

浪費も蓄財も自分の心がけ次第かと思いきや、人というのはかなり環境に影響を受けるらしく、「お金の存在感が濃い環境」と「お金の存在感が薄い環境」がどうもあるようなのです。

働き方や収入額よりも、身を置く環境に含まれている、お店の数や物価の高低などの「きっかけ」が支出の鍵を握っている気がします。

例えば、一番近いコンビニに行くにも、10分車を走らせねばならない場合（お金の存在感薄め）と、住んでいるマンションの下にコンビニがある場合（お金の存在感濃いめ）では、コンビニで使う金額の差が全然違ってくる……とすると、イメージしやすいでしょうか。

私が最もそこにいるだけで「お金を使ってしまう」と感じた環境は、この二つでした。

1　徒歩圏内に、衣料量販店・100円ショップ・インテリア用品店が入ったショッピングビルあり。最寄りのスーパーの価格帯は割高。近所にコンビニ多め。自宅から複数駅にアクセス可能。

2　地方での車生活、外出先はショッピングモールか個人飲食店がメイン。ネットサーフィンが日夜習慣になり、ネット通販を頻繁に利用。

1は、都市部ならではの、便利すぎて息をするように散財してしまう環境です。一人暮らしの都会住まいあるあるでもあります。

朝はコンビニでパンとコーヒーを買うのが習慣になっていたり、インテリア用品店でなんとなく季節の小物を買ったりなど、「安いし別にいっか」と、仕事の多忙さを口実にして、日々の浪費がかさんでいきがちなパターンです。

2は、地方ならではの、気分転換方法は車でスッと出られて息抜きできるショッピングモールか、あとはネットという、地方住まいあるあるです。

この環境に身を置いていた頃は、よくショッピングモールやネットで安い服を買っては無駄に消費していました。

当時は若さもあってか、何もないところで過ごしていると、微妙に刺激が欲しくなったんですよね……。


対極にあるように思える二つの環境ですが、意外な共通点があります。

一つ目は、「店に通いやすい（ネット含む）」という点です。

例えば、何か買うつもりがなくても、外出や散歩ついでに行かなくていいのに店に行く習慣がつくと、気づけばお菓子や100均アイテム、安くなっている洋服など、少額のものを何か買っていたりします。

それらが積もり積もると、結構な金額の浪費へと成長していくのです。

二つ目は、余計な外出をしやすいことです。

徒歩、もしくは車や電車ですぐ行ける外出先があると、大人しく家にいればいいものを、無駄に実行力が上がってしまうのです。

交通費やガソリン代がかかるのはもちろんのこと、出かけることが多いとそれだけお茶や外食をしたり、また何かしら買って、ちょこちょこ出費がかさんでいました。

実行力が上がること自体はいいのですが、そこにお金が伴うとものすごい勢いで手元のお金が減っていくことに……。

そして一番の元凶は、そうして気軽にお金を使っているときには「浪費」とは全く思っておらず、「自分が楽しむために必要な代金」と認識して、消費の機会が乱発されることです。

大金を使っている訳ではなく、ごく一般的なお金の使い方ではあるので、この環境に身を置いていた当時の私は、しっかり「自分は贅沢していない、必要な分だけお金を使っている」と思っており、毎月のクレジットカードの請求にドキドキしながらも、お金の使い方を見直すべきだとは1ミリも思ったことはありませんでした。

こんな数々の「知らない間にお金が減ってる！」という失敗を重ねて、私は少しずつ「住まいを選ぶ時点で改善できることがある」ということを学習していきました。

一般的に、「暮らし歴」が長いほど、少しずつ便利なところに住みたくなるようですが、必要以上に便利な環境というのは諸刃の剣です。

低コストに暮らすには、駅近や便利な場所はまず避けることが大切です。

お金を使わず、そのうえ快適に過ごすために何が必要なのかを探っていったところ、私の場合はこんなポイントにたどり着きました。

・自分が心地よく過ごせる環境であること
・駅から離れていること
・利用しやすいスーパーが1～2か所程度あること
・散歩していて心が落ち着くところ

細かく挙げればキリがないのですが、一番重要なのは「自分が心地よく過ごせる環境」であることです。

これまで明らかに自分が住みにくい環境は外してきたと思うものの「好きか」と言われるとそうでもなかった気がします。

「家賃が安い」「駅近」「築浅」「職場に近い」など、頭で考えた部屋の良さで決めており、「自分が心落ち着く住環境は何か」とは一度も考えたことがありませんでした。

それまでは通勤しやすいかどうかで部屋を選ぶことが多かったので、わからなかったのも当然です。

振り返れば、「お金の存在感が濃い環境」で暮らしていたとき、自分の部屋や環境が気に入らず、知らず知らずのうちに不満を募らせていました。

その知らぬ間に溜まった不満を解消するために、さらにお金を使うクセがついてしまい、無自覚の散財になっていた……というのが、自分なりの分析結果です。

かといって節約志向に走りすぎると、いくら家賃が安くても、日当たりも風通りもなし、窓からの景色もなし！　という閉塞《へいそく》的な住環境であれば、やっぱり気詰まりで、部屋で落ち着いて過ごせず、むやみに出かけるようになり、散財することでバランスを取っていたこともありました。


こんな私が「お金の存在感が濃い環境」から抜け出せたのは、「なんか今の部屋が気に入らない」と漠然と思い続けるのをやめて、隣接する建物との距離、周囲の騒音の具合、近隣の人との関係など、自分が「苦手な環境」「具体的な避けたい条件」を手がかりにしながら、「自分が心地よく過ごせる環境」を改めて考え直したからでした。

そしてある程度、嫌なことや不満が洗い出せたら、次は「好きな環境や求めている条件」＝「これまで良かった、満足した点はどこか？」という条件で絞り込んでいき、徐々にお気に入りの部屋を選択する精度を上げていきました。

まず嫌なことを解消する、次に好きで満足した点を反映する……この2段階のフィルターが重要なようです。

「自分が心地よく過ごせる環境」がわかったあとは、少しずつ地域や階数を変えるなどの改善を重ね、「自分が好きな住環境」が完全に把握できてからは、生活費の無駄もなくなりより自分が充足する生活へと進歩していきました。

部屋選びは、仕事やもの選びと同じかもしれません。

今の仕事が嫌でも、何が嫌で不満があり、どんな解決ができるのかわからなければ現状から抜け出すことはできません。

「上司とそりが合わない→どんな上司なら一緒に働きたいのか」「残業が多いのが不満→どのくらいの時間ならいいのか」のように、細かく見ていくと、自分が働きたい職場のイメージの解像度がどんどん上がっていくような感じです。

もの選びであれば、今持っているものがなんか違うなと思っても「なんか違う、嫌だ」と思っているだけでなく、「デザインが好みじゃない→どんなデザインならいいか」「使いにくい→どの場面でどう使いにくいのか」など、具体的にどこが嫌で不満と思っているかがわかっていないと、それらをクリアしたものを見つけ出せないのと同じです。

自分の〝嫌と不満〟をオセロの黒から白へ変えていった結果、私が好きな住環境は、「日当たりがよく、風通しがよく、騒がしくなく、自然が多く、窓からの風景がいいこと」になりました。

日当たりがよいと太陽の光が入ってきて部屋全体が明るく暖かくて快適なので、暖房器具がそれほどいりません。

風通しがよいと、梅雨もじめじめせず、夏場は涼しく快適です。

加えてベランダがあると、洗濯機や脱水機を使わずとも洗濯物の扱いがかなりラクです。

▶窓から見える木。春や冬は野鳥が集まり、夏は緑が爽やか、秋は紅葉が鮮やか……と移ろいゆく季節ごとの楽しみがあります

騒がしくないと心穏やかに過ごせ、自然に囲まれた環境だと、窓からの風景で四季の移ろいが楽しめる……といった具合です。

そうすると自ずと、日当たり・風通しがよい＝目の前に建物がなく窓が2面以上ある間取り、騒がしくない＝駅や大通りから離れている、自然が多い＝都市部は避ける、というふうに絞り込む条件が決まっていきました。


低コストライフは単なる節約生活ではありません。自分が心地よい住環境がなければ、成り立たない気がしています。

何もしなくても心地よく過ごせる、というのは低コストライフの最強のキーワードです。書いてみると、何一つ際立ったことはないという感じなのですが、仕事や買い物、レジャーに気が向いていると「これが好き」とか「心地よい」ということが意外と見えなくなるのかもしれません。

心地よく過ごせる生活環境があると、あまりお金を使わなくなっても落ち着いて暮らせます。このことがわかるまで、私はかなり回り道をしました。

ただ節約するだけでは心が満ちる生活にはなりません。

自分の感覚を優先する、ということが住まいにも大事なのだと、つくづく感じます。

仕事×趣味×日常の配合を探る

仕事をしている時間って本当に長いですよね。

私はいまでこそ何もしていない時間が大量にありますが、それまでは日々職場に通い、働くのが普通だと思っていました。

1日8時間、会社に毎日通っていたとき、人生の中で会社の同僚や上司と共に過ごす時間があまりに長いことに気づいて、衝撃を受けたことがあります。

家族よりも友達よりも、職場の人たちとずっと一緒にいる……！

この働く時間の長さを考えたら、趣味のことを考えるよりも「どう仕事と付き合っていくか」を真剣に考えた方がいいことに気づき、重い腰を上げて働き方を見直しはじめたのが、いまの過ごし方につながっていく大きな転機となりました。

私自身、これまで会社員とフリーランス両方の働き方を経験して、それぞれ感じたことがあります。

フリーランスは明確な拘束時間がないため、自由時間が多そうに見えますが、私の体感だと「無限にやり続けられる」感覚がある上、仕事も会社のように定期的に受注できる訳ではないので、暇なときと忙しいときの波がどうしても出てきてしまいます。

一方で会社員は、拘束時間は長いものの、フリーランスと比較すると実際に自分が手を動かしている時間はわずかだったりして、時間がダラダラ過ぎていく感じがしました。

上司や同僚との密な人間関係もこなす必要があり、「名もなき仕事」のようなことが多いという体感です。

会社員vs.フリーランスのように対立して考えられがちですが、保障的なことを除けば、雇われているか否かではなく、「自分の性質」と「働き方」の相性の方が、暮らしを考える上では重要な気がしています。

私も様々な働き方を経験するうち、生産性や効率性を第一優先にすると働くことが嫌になったり疲れたりしやすい、ということがわかってきました。

効率と成果重視で日々せっせと働き続けているときは、心身ともに疲弊することが多く、反対にお風呂や自炊、睡眠や掃除など、自分の日常にきちんと戻ってくる時間をもつように心がけて過ごすと、押しつぶされるような疲弊感が明らかになくなったのです。

よく仕事の息抜きといえば、趣味にスポットが当たるかと思うのですが、私は仕事vs.趣味のように意識してしまい、「仕事から離れるための趣味」のようになって、いいバランスを保つことができませんでした。

ですが「仕事」と「趣味」に加えて、自分が戻って来られる「日常」の存在を濃いめに意識してみると、仕事vs.趣味のように分断されることなく、普段の過ごし方を一続きに上手く繋げることができるようになりました。

自炊をしたり、窓を拭いたり、床を掃いたり、お風呂にゆっくり浸かったりと、日常の存在を忘れずに過ごせているときは、大袈裟《おおげさ》でなく「生きている」という実感を持てました。

「仕事が何より最優先」で過ごしていると、身の回りのこと全てがわずらわしく、「料理する時間があるなら、その分仕事した方がいい」と、なるべく家事をやらない方向で考えていたときもあったのですが、そういうときは大体、働きすぎてピリピリしていることが多かったです。

でも「日常」だけを大事にしすぎると、これはこれでバランスが崩れてしまいます。

20代の前半に「丁寧に暮らすカルチャー」の洗礼を受けてよくわかったのですが、必要以上に丁寧に日常を過ごしすぎると仕事と向き合えず、「日常」が一種の現実逃避のようになりかけました。

これもまた、仕事vs.趣味のように、仕事vs.日常、と分断してしまう一例なのかもしれません。

だからといって「仕事」と「趣味」の二つにバランスが偏っているときは、「キラキラした私」「リア充」のような気持ちにはなれるのですが、部屋が散らかっていたり、浪費が激しくなったりしました。

でもその状態から、「日常」に意識を向ける割合を増やすと、部屋はきれいで、後悔するようなお金の使い方をしなくなり、心穏やかに過ごせることがわかりました。

「仕事」「趣味」「日常」のバランスに正解はありません。

コーヒーはブラック派、という人がいます。でも、砂糖たっぷりの甘いカフェオレが好き、という人もいます。エスプレッソをあっためた牛乳で割るのがいい、という人もいれば、豆乳入りのアメリカンがいい、という人もいます。

みんな、どれも人から勧められたから好きな訳でなく、それぞれ自然と自分が美味しいと感じるコーヒーの飲み方を選んでいるはずです。

そんな感じで、「仕事」「趣味」「日常」も自分の「いい感じ」と思えるバランスを細かく見てもいいのではないかなと思うのです。

図にしてみると、私の普段していることは大体次のページのカードのような感じです。どのカードも単体で見ると地味ですが、組み合わせるといい感じで効果・効能を発揮してくれます。

私の「仕事」「趣味」「日常」の組み合わせの一例をご紹介してみます。

・読書をしてから掃除をする（掃除の間に読んだことを反芻《はんすう》できる）
・昼寝してから執筆する（漠然と休憩するより集中できる）
・趣味がてら喫茶店で執筆する（家よりもアイデアが広がる）

会社にいるときも、私はまめに机の上を拭いたり、書類を整理したり……ということをよくやっていたのですが、そうすると仕事により集中できたり、張り詰めた神経が緩められる感じがしました。

コーヒーや甘いもので気分転換をするように、「日常」には「生産性に直接結びつく訳じゃないけど、やるといいこと」が含まれている気がします。

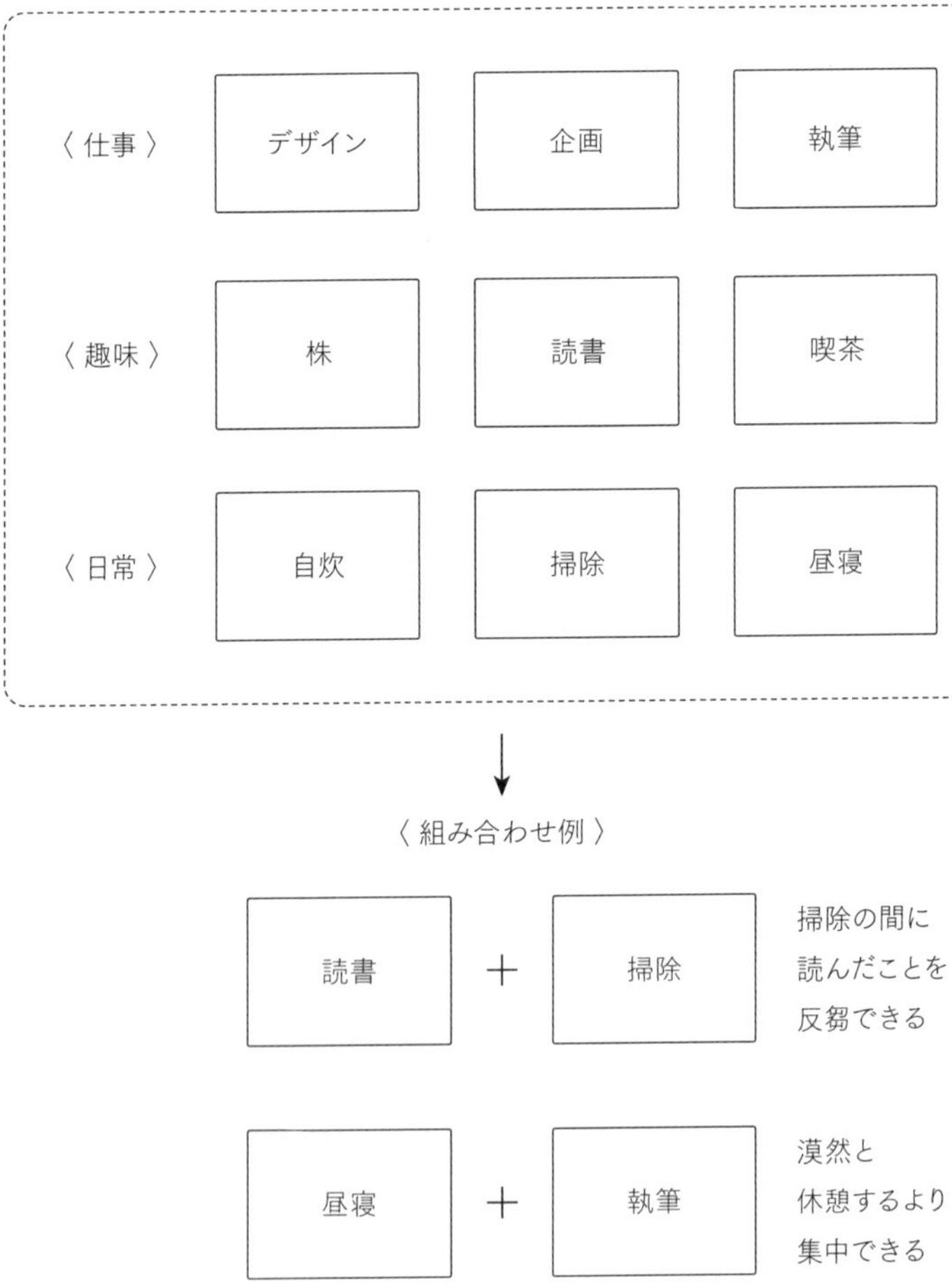
〈 仕事 〉
デザイン
企画
執筆
〈 趣味 〉
株
読書
喫茶
〈 日常 〉
自炊
掃除
昼寝
〈 組み合わせ例 〉
読書
＋
掃除
掃除の間に
読んだことを
反芻できる
昼寝
＋
執筆
漠然と
休憩するより
集中できる

行動のクセというか、生活の習慣というか、そうした一連の「普段の過ごし方」が自分の心と体、そして変わらない「いつもの暮らし」をがっちり支えてくれる気がするのです。世の中に「ワークライフバランス」があまり浸透しなかったのも、「仕事は忙しいけど、ちゃんと料理もする！」のように負担が倍増しただけになりがちだったからかも、と私は思っています。

壮大な「ライフ」よりも、もっと小さな単位の、自分がすでに手にしている「日常」を、暮らしの一要素として捉えてみるというのが、私のアイデアです。

なんでもない散歩や昼寝の時間がちょこちょこある生活は、なかなか優雅です。「仕事」「趣味」「日常」を、いまの自分に合ったバランスで実現できていると、浪費が激減して収入も増え、心が満たされながら、低コストに暮らせるようになりました。

今回はイメージしていただきやすいようカードでご紹介しましたが、本当はもっと絶妙なバランスで存在していると思っています。

カフェオレにも、「コーヒー6：ミルク4」の濃いめのものもあれば、「コーヒー3：ミルク7」のマイルドなものもあるのと同じです。

「いまは日常多めの60％、仕事30％、趣味10％くらいがいい感じかなぁ」と思うなら、自分ができる範囲で調整しながら進めたらいいのです。

私たちの暮らしにも、きっとこうした今の自分にとってナイスな「独自のバランス」があるのが自然なのだと思います。

そして別に、「一生このバランスで過ごす！」とわざわざ固定しなくてもいいのです。

「暮らしの配合」を自分で決める

世には働きたくない人も多いとよく聞きます。

きっとそれは、働くのが嫌なのではなく「誰かから強制されたくない」ということのような気がしています。強制されているから、つらいのです。

無理をするとお金がかかります。本当は、働く分量も、日常を分厚くする分量も、趣味の分量も、自分で全部決められる権利はあるのですが、いつの間にか権利を剥奪《はくだつ》されたように思い込んでしまうことが、いま自分がいる環境から抜け出しにくくなる一因な気がします。

自分に合った暮らし方ができれば、「仕事」「趣味」「日常」全てが「ただやっているだけで楽しい」ということを私は実感しました。

自らしたいと思ったことなら、全て趣味のように楽しんでできるということが、低コストライフを送っているとよくわかります。

自分で決めず、世間や誰かから「あなたは仕事90％で！」と勝手に配分を決められたりするから抑え込まれた感じになり、抑え込まれた分どこかで発散したり、調整したりする必要が出てきて、余計なお金が必要になっちゃうんじゃないかなぁ……というのが、私の感想です。

強調します。いまの自分に合った過ごし方を、自分で考えて実行できるようになると、お金に困ることや、使いすぎることなど、お金に振り回されることが減って、生活とお金の悩みが減ります。

世界は、もっと広くて自由なはずです。その世界を狭めているのは、自分のものの見方かもしれません。

私は今日も、「今度はあのカードを組み合わせてみよう」とか「新しいカードを手に入れた！」と試行錯誤を続けています。
カードの組み合わせは無限大です。

コラム

気になっていることは片っ端からやっていくキャンペーン

やればいいんだろうけど、気持ちの踏ん切りがつかなくて、なんかやる気にならないことって色々ありますよね。もちろん私も、いまでも「わかってるんだけどね」と思いながらも、まだできていないことがたくさんあります。

ですが、もっとグダついていた以前の自分と比較すれば、全然マシになりました。何をしたかというと、名付けて「気になっていることは片っ端からやっていくキャンペーン」の実施です。

これは何かというと、この期間中は、「時間がない」「お金がない」「やる気がない」を差し置いて、興味・関心を持ったことは全てやる！とするものです。

私はまず3か月間、期間限定のお試しでスタートしました。

社会人サークルかぁ〜ちょっと興味あるかも↓休みの日に連絡してみる

ジョギングかぁ〜できるかなぁ↓とりあえずその日に軽く走ってみる

ブログかぁ〜何書けばいいんだろう↓次の長期休みにサイトを立ち上げてみる
お金の管理かぁ〜やらなきゃなぁ↓自分が今できることから進める

といった具合です。とにかく、1歩でもいいから前に進めるのです。

「気になっていることは片っ端からやっていくキャンペーン」を実施して気づいたのは「興味あるけどなぁ」「やりたいんだけどねぇ」で止めてしまっていることがいかに膨大にあるか！　ということでした。

生活にこれといった変化が訪れないのも、周囲の環境や出来事のせいではなくて「自分がやってないだけでは？」とはじめて自覚できたのです。

気になることを気になるまま、ただ置いておくのって、「興味あるけど、でも……」とか「面白そうだけど……」と考えがぐるぐるするので結構しんどく、一方で実際には何も行動を起こしていないので、しんどさのわりに現実は何も変わらず、かなり損なのです。

そして、ぐるぐる考えていると、ハードルが無限に上がり続けます。

〝ぐるぐる思考〟に陥ったときの打開策として、このキャンペーンを実施すると「なりふり構わず、とりあえずやる」ようになれるのです。

自分に足りていないのは、上手くやることよりも、とりあえずやる！　ことだと気づいてから、私は自分の動かし方が格段に上達しました。

社会人サークルは合わずにすぐやめましたが、自分はみんなでワイワイするよりも一人で過ごすのが好きだということがわかりました。

ジョギングは自分の体に合わないことがわかり、軽いトレーニングをして、よく歩くことにしました。

ブログは、いまの発信活動につながり、お金の管理は、いまの私の生活の重要な基盤へと発展していきました。どれも大切な私の学びです。

まだ何も知らないし、やっていないときに、それが上手くいくか、向いているかなんて、誰にもわかりません。

やりながら少しずつ訂正したり、向いていなかったらすぐやめたり、楽しかったら続けたり……をやり続けるだけなのだ、ということがわかった、というのが、このキャンペーンを実施した一番の収穫です。

あなたが「気になっていることは片っ端からやっていくキャンペーン」をするとしたら、やってみたいことは何ですか？

第 2 章

衣食住を
ととのえる

減らすのではなく、増やさない

「衣食住と持ち物をととのえる」と聞くと、持ち物を減らしたくなる人が多いようです。持ち物を捨てて身軽に……といったフレーズに心ときめく方も多いことでしょう。

ですが私は、「減らす」よりも「増やさない」を徹底した方が衣食住がととのい、それに伴って持ち物も自然と、必要なものだけが手元にある状態になると思います。

では「増やさない」ために、どんなことを心がければいいのでしょうか。

それは、なんでもすぐ買わず、「あるもので過ごす」ことです。

欲しいものがあっても、まずは身の回りにあるもので過ごして、どうしても必要なら買う——少しでも一旦停止する習慣をはさむことです。

なんでもすぐ手に入る世の中は便利な半面、買ったら買った分だけ、増やしたら増やした分だけ、無駄なものが増える確率も高まります。その結果、片付けや支出管理に追われる場合もあるでしょう。

メチャクチャなことを言うようですが、欲しいものをすぐに買ってしまうことは「自分の労力を費やしてお金を減らす」ようなものだと、私は思うのです。

……と批判的に捉えるのは簡単ですが、実際はなかなか上手くいかないもの。

「あるもので過ごす」にはどうしたらいいのでしょうか。

この章では、衣食住と、これらにまつわる持ち物との付き合い方について、私の経験をシェアしたいと思います。

「すぐに買わない」トレーニング

私が思うにですが、無駄な持ち物がないようにするには順番があります。

上手くいく「持ち物のととのえ方」は、ざっくりとこんな順番だと思います。

STEP1　新しく取り入れることをやめる

STEP2　明らかに使っていないものを手放す

STEP3　使っているものを少しずつ整理する

まず「新しいものをすぐ取り入れない」と決めることが一番重要で、「捨てるぞ！」と腕まくりするのは、その次のステップです。

すぐに取り入れてしまうから、お金が減り、ものが増え、片付けに追われ、そして、懐が寂しくなるのです。

必要だと思って買ったものも、なぜか一瞬で不用品になることがありませんか？

おそらく大体の方は「必要なものが買えない」よりも、「そこまで必要ないのに買ってしまうトラップ」に陥っているのではないでしょうか。

私は、買わないくらいがちょうどいいと思っています。

ますます買い物がより簡単に、さらに便利になっていく世の中。

手元にお金がなくても、クレジットカードや後払いを利用すれば、支払いを先に延ばすことができます。

注文したらほぼ即日で自宅まで届き、不在でも宅配ボックスに配達してもらえるなど、受け取りに困ることもありません。

寝ぼけていても買えそうなこの購入ハードルの低さ。なんと恐ろしいことでしょう

普段、ネット通販を利用する際、「このボタンを押すだけで、明日には届いちゃうの？」

と不安がよぎる瞬間があります。

ネット上だけでなくリアル店舗でも、自宅配送やポイントがつくサービス、クーポン配布や試供品のプレゼントなど、購買意欲をかき立てるサービスが目白押しです。

便利なサービスと楽しく上手に付き合えればいいですが、「すぐに買う」習慣があると、不要なものが生活に入ってくる可能性もそれだけ高くなります。

瀬戸際でブロックするために必要なのが「あるもので過ごす」習慣です。

車に例えると、「踏切の前は一旦停止」のルールです。踏切を「レジ」や「支払い」と捉えてみると、わかりやすいかもしれません。

いきなり「買わない！」と0か100かで決めるのではなく、まずは週に1回でも「すぐに買わない」が実行できたら上出来だと思って、少しずつトライするのがコツです。

「すぐに買う」習慣から、「あるもので過ごす」習慣に徐々にシフトしていくと、支出額が減るだけでなく、余計な行動で時間を浪費することもなくなります。

時間と心のゆとりも生まれて、勉強や趣味など、自分がしたいことに集中して取り組むことができるようにもなるのです。

「買わないで過ごす快適さ」を実感できれば、買いすぎていることの弊害にも気づきやすくなって、どんどん習慣も変化するはずです。

「大きな変化」はコスパが悪い

いわゆる「散財」や「浪費」でものが増えるとき、一体何が起こっているのか疑問に思い、支出記録を元に行動を振り返ったことがあります。

元をたどればほとんどは、超つまらない「現状の不満」を解消するためでした。ものすごく必要というよりも、「なんとなく雰囲気を変えたくて、新しい服を買う」というような、何だか不満で何とかしたいのよね〜という、かなり漠然とした理由でお金を使っていたのです。

そして、より大きな変化を求めてさらにお金を使いたくなるようです。お金をかけた分だけ、大きなリターンを得られる気がするからでしょう。

本当は、ほんの少し置き場所を変えてみたり、使い方をひと工夫して、あるもので過ごせば十分なはずです。

でもすぐに買うことが習慣づいていると、「現状を変えるにはお金が必要」と思い込んで、ものを増やしてしまうのです。

例えば、いまの部屋がなんとなく気に入らなくて、「模様替えしたい！」と思い立ったとき。

私ならまず、少し入念に掃除してみたり、ものの配置を少し変えてみます。この場合、かかるお金は0円です。

ですが、すぐにお金を使って変化を起こそうとすると、いまあるものの処分費用、新しく必要になるものの購入費用などが必要になってきて、どこから手をつけたらいいのかさえわからなくなってしまうことでしょう。

カーテンやクッションなどを取り替えたら、瞬間的には気持ちが落ち着くのかもしれませんが、またすぐ「何か変えたい」と不満が頭をもたげてくるのは容易に想像がつきます。お金をかければかけるほど不満や不安を解消できると思いきや、実はそうでもないのです。

パッと見てわかりやすい変化ほど、その瞬間は気分が変わっても、なかなか長続きせず、また何か欲しくなり……負のループに突入します。

「大きな変化ほど、お金がかかる」と日頃から意識してみるといいかもしれません。

本当に望んでいること

「変えたい！」と強く願ったときほど、最も冷静になるべきとき——私はそう思います。

では普段の生活で「変えたい！」と思うときは、一体どんなときでしょうか。

私の経験を振り返れば、「今の生活が嫌になったとき」「仕事や人間関係が上手くいかないとき」だった気がします。

山と谷であれば、確実に谷で、谷底に落ちた感覚が強いときほど、自分から湧き起こってくる「変えたい！」という思いも切実さも増していきます。

ですが、この「変えたい！」という気持ちは、取り扱いが結構厄介です。

一見、変化が大きいほど喜びも大きいように思えますが、実際には「どれだけ変わったか」ということよりも、「本当の望み」がきちんと実現されていなければ、満足できないと思うのです。

手持ちの服を全部処分して、ゼロから買い揃えたところで、表面的な変化は起こせても、本当の望みは見えてきません。

ここで「あるもので過ごそう」と冷静になる時間を設けることができれば、「そうだった……自分は本当は服が欲しいのではなくて、ちょっと凹んだ気持ちを立て直したいだけなんだった」と、本心に気づくことができます。

そうしたら、手持ちの服を丁寧に洗濯してみたり、服の組み合わせを少し変えるだけで、気持ちが収まるかもしれません。

いまあるもので過ごすためには、実は「現状に満足する」ことが必須です。

「変えたい！」という気持ちは、現状をよくしたり、自分が成長するエネルギーにもなるので、大事なことの一つですが、「本当の望み」を考えずに、買い物で発散してしまうのはもったいないです。

「変えたい！」が湧き起こったときは、自分の考え方や固定観念を見直すいいきっかけです。

まずはあるもので過ごしながら、じわじわと現状と向き合うこと。

私も日々気をつけながら過ごすようにしています。

ちょっとやめてみる

いまの暮らしは、「これが普通」と思っていると、色々なものを取り入れてどんどん膨らんでいってしまうようです。

自分で何か変えている意識がなくても、私たちをとりまく商品やサービスは日々ものすごいスピードで進化し続けているため、エスカレーターのようにただ流れに乗っているだけで、自動的に過剰になってしまうのです。

その流れに乗っていることに気づかず過ごしていると、情報にせよ、持ち物にせよ、過剰な状態になってしまいます。

例えば、スマホにショッピング用のアプリを入れているだけで、ついチェックしてしまうことはないでしょうか。

それだけで、普段の生活にものすごい量の情報が入り込んできます。

1日限定で安くなっているもの、新しい季節のアイテム、予約のスタート——アプリがなければ、知らなくても不便なく過ごしていたはずです。

必要ではなかったのに、なんだか無視できなくて結局買ってしまう。

私たちの生活はこんなことで溢《あふ》れ返っています。完全にアプリの思うがままです。

私は低コストライフを送るうちに、これらを、「別に普通」と思っていることが、すでに過剰である、ということに気づきました。

何かを「取り入れる」よりも、意識的に「取り入れない」方が、生活が良くなる気がしています。

お得な商品やポイント倍増のタイミングが気になって仕方がないのも、全部習慣のせいです。

私も以前、「●%オフ」と言う文字に釣られ、勢いでセール品を買いそうになったことがあります。例えば、１０００円の商品が20％オフになっている場合。

・１０００円の20％オフ＝２００円お得
・そもそも買わない＝８００円お得

どちらの方が手元のお金が減らないか、考えてみればわかることです。でもなんだか、

200円浮く方が大事な気がして、選択を間違ってしまうのです。

200円浮くより、800円使わない方がお得。

少し冷静になり、軽く金額を思い浮かべてみるだけで、「自分はなんと無駄なことをしていたのか」と行動を省みることができます。

そのためにまず、ほんの少しでも過剰な情報やものから離れるクセをつけてみましょう。

私が実践していることは、こんな感じです。

- 買い物に行く日付を決めておく
- 頻繁に見るアプリは削除する
- ショッピングサイトなどのクレジットカード登録を解除する

いずれも些細なことですが、地味に習慣が変わります。

生活が膨らんで過剰になっているときは、大きくてものすごい無駄なことを一つだけしている訳ではなく、小さすぎて普段意識しない〝ホコリ〟のようなものが積もっているときです。

一気に大きな変化を起こそうとするのではなくて、こうした「ちりつも」を制御する心がけが大切です。


過剰なものに気づくためのポイントは「しんどさ」です。

私は、しんどいと感じることは、「やめたらいい」というサインだと思っています。

上手に我慢するよりも、離れる勇気がときには必要です。

しんどいのに我慢してしまうと、過剰なことをさらに取り入れてしまいます。

しんどいことは、きちんと「しんどい！」と自覚して、徐々に取り除くようにすると、生活はそれだけでうんとシンプルになり、無理なくスムーズにととのっていく気がするのです。

「いつも使っているもの」をよく見る

少しの持ち物で暮らしていて実感することは、少ししか持っていないと、かえって「新しいもの」を取り入れなくなる、ということです。

家に持ち物が少なければ、色々買いたくなりそう……と考える方もいらっしゃるかもしれませんが、私は逆だと思っています。

家に色々あるから、あれもこれもと取り入れることに抵抗がなくなり、結果、不要なものをどんどん取り入れてしまうのです。


例えば、足に合わないけれど、安いから買った靴が家にあるとします。

履きやすくなるよう、何か補助的なアイテムを購入して、工夫したいところです。

１００均で手に入るもので簡単に補えるかもしれません。きちんと対応したいなら、靴のメンテナンスショップに相談して調整してもらうのも一案です。

ですがこれこそが、ものが増えるトラップなのです。

この工夫の甲斐もなく、結局気に入らず履かなくなり、また新しい靴を買う……という流れができたら最後、すぐに持ち物は増えることでしょう。

もし、最初から足に合う靴をきちんと選んで買っておけば、補助アイテムを購入することも、お店で調整してもらう必要もなかったかもしれません。

トータルコストで考えれば、はじめから安くはなくても足に合う靴を購入した方が良かったかもしれません。

靴だけでなく、最初から違和感が大きいものは、結局どうやっても自分にフィットすることはほとんどなく、持っていても、調整するために余計な手間が発生しがちです。

しっくりこないものを選んでしまうのは、自分が必要としているポイントをきちんとつかめていないからです。そうすると、また似たような失敗をしてしまい、再度気に入らない……という凡ミスも起こしがちです。

そうしてものは増え、お金は減っていきます。

この悲しい状態を防ぐためには、自分がこれまで使ってきたものの経験値を活かして、新しくものを買うときに地道に反映させていくしかない、と私は思っています。

持ち物選びに正解はなく、経験値の整理あるのみ、です。

むやみに持ち物を増やさず、無駄な買い物もせず過ごすには、まず普段使うものの特徴を、よく理解することが必須です。

「何を選べば正解なのか」というよりも、自分にとって、どの機能がどのくらい必要なのか、何が備わっていれば気に入るのか、押さえておきたいポイントを知っておく必要があります。

先ほどの靴の例であれば、履きにくい↓どこが履きにくかったのか、をクリアにしておくことです。

また、履きやすかった靴→どこが履きやすかったのか、ということも把握しておくと、次から的確に自分にフィットする靴を選ぶことができます。

人によっては、ブランドや金額が大事になってくるかもしれませんが、私の場合は、基本的に実用性を重視したいので、「自分に必要な機能を備えたもの」という視点で、いつも選んでいます。

そして、それぞれの特徴を把握するためには、「必要なものを適正量持つ」というのが鉄則で、たくさん持っていれば、どれかで補完できるだろう、という考えは、余計なものを躊躇《ちゅうちょ》なく増やす元凶です。

なんだかんだ言って、気に入るもの、使いやすいものというのは、結局同じようなものに落ち着くのではないでしょうか。

格好良くいえば「少数精鋭」にととのえるということです。

普段の生活で使っているペンや食器、よく着る服などを思い浮かべてみてください。他にも色々あるけれど、結局いつも同じものを使っていたりしませんか？

タオルや下着など、日頃使うのは引き出しの表面にあるものばかり。洗濯してまた使って……「いつも使うものは同じ」になりがちなのは、あるあるです。

結果的に同じものしか使わないのであれば、それだけ残せばいいのです。そして、この総量を「適正量」として捉えてよし、というのが私の考えです。

何が不要なのか？ どのくらいが適正量なのか？ ということを考えあぐねるよりは、「自分が使っているもの」だけを見ていけばＯＫ、とシンプルに考えています。

生活必需品と贅沢品

私たちの生活は、生活必需品のように見えて、実は贅沢品というものがかなり含まれているようです。

身の回りのものを「生活必需品」と「贅沢品」に仕分けてみると、暮らしに必要なものがわかりやすくなります。

人によって、贅沢を「奮発」とするか「ゆとり」とするか、定義づけもレベル感も、かなり違うと思いますが、私は普段使わないものを「贅沢品」としています。

大事なのは贅沢品＝ぜんぶ不要、ということでなく、ここもまた「自分が満足するバランス」を見極めるのが肝心です。

服を例に考えてみましょう。

毎日着る服と特別なときの服。あなたにとって「満足するバランス」はどれでしょうか。

A　毎日着る服は着用頻度が高いので、比較的いいものを買いたい
　　特別なときの服はほぼ着ないので、その都度レンタルでOK
B　毎日着る服は正直なんでもOK
　　特別なときの服は、持っているだけでも楽しいので奮発したい
C　毎日着る服も特別なときの服も、両方こだわりたい

もちろん、これ以外にもたくさんのパターンが考えられますが、持ち物を「生活必需品」と「贅沢品」に分けてみると、自分はどのバランスにするのが満足なのか、より把握しやすくなるのではないでしょうか。

コツは、「服」「キッチン用品」くらいまで範囲を絞ってから分けることです。

そうすると漠然としたもの選びにメリハリがつき、お金の使い方にも変化が訪れます。

1章でもお伝えしたように、持ち物選びでも「自分が満足するバランス」にきちんと軸を置くことが重要です。

よく使うものほど考える時間を端折《はしょ》りがちですが、仕事や住まい選びと同じくらい「慎重に」「入念に」考えてみてほしいのです。

服に求めること

世の中には、いつ見ても、どこを見ても、大量の洋服が売られています。

その上、オフィス用、普段用、レジャー用……と用途も分けてワードローブを揃えていくと、何が本当に必要なのかわかりにくくなり、メンテナンスはもちろん、購入するためのリサーチも大変です。

数があれば困らないかと思いきや、「服はたくさんあるのに着る服がない」という謎の現象が起こり、また別の服を買う……以前の私は、こんな「洋服迷子」になっていました。

なんだか服やバッグなどの身につけるものって、他のものよりも、自分を一瞬で変えてくれるような、特別感を期待しがちではないでしょうか。

こちらでは、私が「脱・洋服迷子」のために試行錯誤してきた、低コストながらも不便なく過ごせる服選びについて、まとめてみたいと思います。

まず大切なのは、服に対して「どうしても外せない点」をはっきりさせることです。

これまで私が服で浪費や散財、失敗したのも、自分が服に求めることが明確でなかったからでした。


判断基準ができてから、大きな不満や困りごとが起きづらくなったと体感しています。「おしゃれに見られたい」とか「トレンドの格好をしたい」などは、最初から欲張ると大変なので、余力があれば……と割り切ることにしたら、選択肢も狭まりました。

私の「どうしても外せない点」はこの3点です。

1　メンテナンスがラクにできること
2　寒暖調整がしやすく、動きやすくて着心地が良いこと
3　自分に似合っていること

私にとってとくに大切なのが、3の「自分に似合っていること」です。

私は服を選ぶときに、「自分を変えてくれる服」ではなくて、「自分に似合っている服」＝「自分の良さを引き立ててくれる服」を大事にするようにしています。

過去、いくらお金を服に使っても満足できない、という事態になっていたのは、パター

ンや作りに凝った服や、おしゃれでハイセンスな服など、一瞬で素敵な自分に変身できそうな「自分を変えてくれる服」を探していたからでした。

お金をかけたらかけた分だけ変われる！　と思って、洋服を選んでいたのかもしれません。

ですが「自分の良さを引き立ててくれる服」＝「自分に似合っている服」に焦点を当てるようになってから、服への過剰な期待が消えていき、洋服に使う金額も減りました。

気に入った服に自分を合わせるのではなく、自分に合う服を選ぶ。

書いてみるとごく普通のことに思えますが、あまり自分のことが好きでないと、服に求めることもいつの間にか過剰になる気がします。

思い描く理想が、本来の自分の持ち味からかけ離れているほど、デザインや組み合わせで調整する必要が出てくる訳で、それなりにお金やアイテム数、センスが必要になってくるのです。

「こんな私になりたい！」という、どうしても実現したい理想像があれば別ですが、「本来の自分の持ち味」から洋服を選ぶのが、低コストでおしゃれを楽しめ、自信もつくのでおすすめです。

テイストを固める

問題は「自分に似合っていること」をどう判断するか、です。

色々な方法を試した結果、自分に似合っている服を見つけるには、手持ちの服とテイストを合わせるのがコツとわかってきました。

私が新しい服や小物を選ぶときに、活用しているのが次のページの図です。

新しい服や小物の購入を検討する際は、この図をもとに同じエリアに入る手持ちの服があるか確認し、普段のワードローブとの相性を冷静に検討すると、テイストをまとめやすくなります。

他の服を合わせてみたらなんだか違う……という場合は大体、基本的なテイストがあっていない場合が多いものです。

そして、低コストに収めるには、「なりたいイメージ」よりも、元々の体型や顔立ち、全体的な雰囲気など「自分の持ち味」を活かしたエリアを選ぶのも大切です。

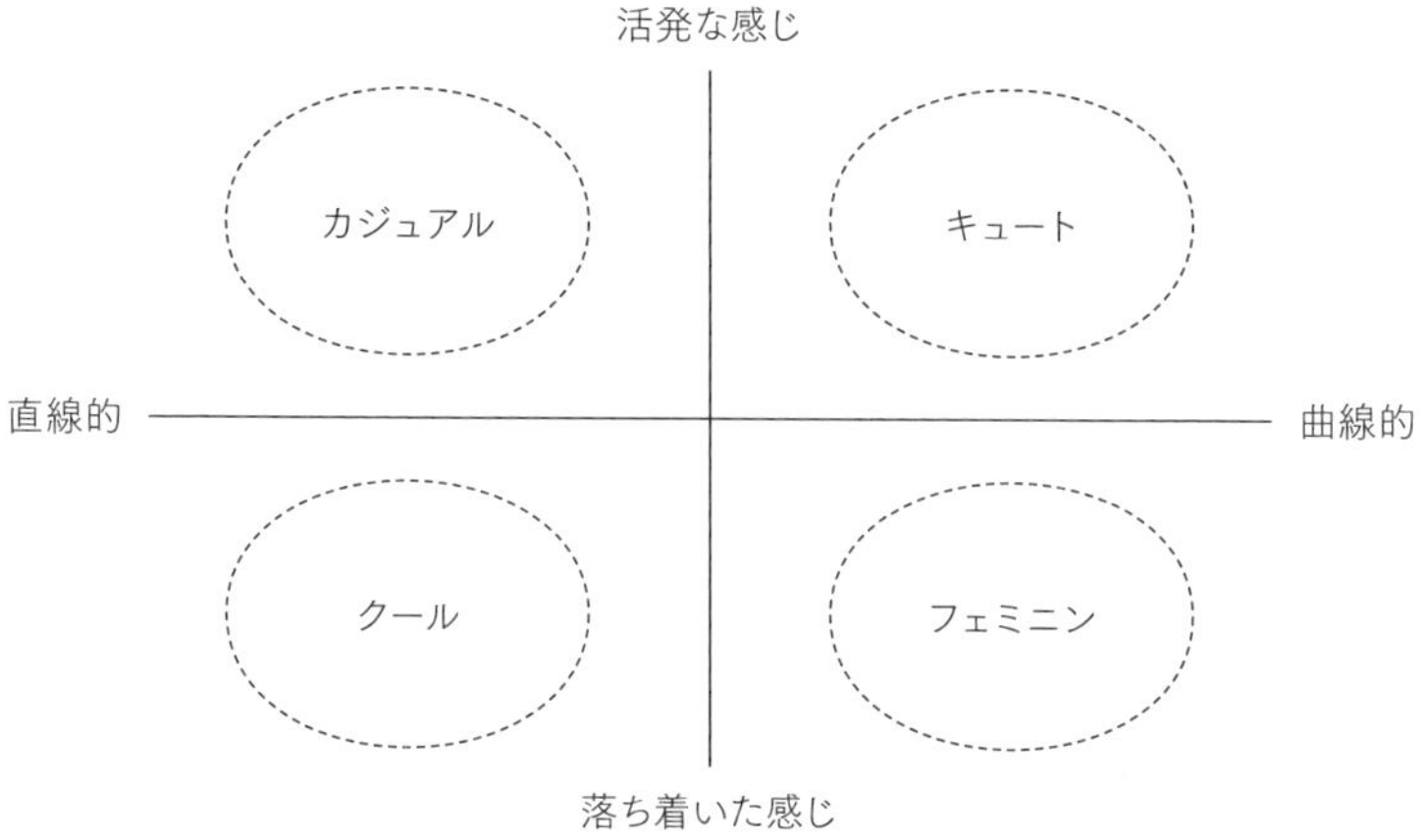

▶買おうとするものを一旦この枠内に収めて考えてみると、必然的に色味やデザインの選択肢も明確になり、「身につけるとなんだかバラバラ」という事態が減ります

新品で買わない

Tシャツなど劣化しやすいアイテムは新品で購入した方がいい場合もありますが、シャツやワンピースなど色あせたり型崩れしづらいものであれば、私はリユースで十分だと思います。

とくに冬用のアウターは素材も作りも丈夫なものが多く、中古とはいえ、まだまだきれいに着られるものが多いです。

ちなみに私が持っているアウターは、リユースショップで約2500円で購入したものです。

過去によく着ていた服を探して再度購入するのも、私の鉄板パターンです。

先日は、数年前に着ていて気に入っていたシャツの新しいモデルが、フリマアプリで700円で出品されていたのでリピート買いしました。

ありがたいことに、とくにユニクロやGUなどの量販店では、素材や形などがマイナーチェンジしても、商品名はあまり変わらない場合が増えてきています。

自分のお気に入りの服の商品名をフリマアプリで検索してみると、まだきれいな状態で手に入れられるかもしれません。

サイズ感が気になる場合は、店舗で試着してから、ネットで購入できるリユースショップを活用するのがより確実です。


リユースをよく活用していて思うのは、タグ付きの新品が多いことです。

リユース＝お古、というイメージの方も多いかもしれませんが、「購入したものの着用しなかった」というものがかなり出品されています。

しかも、定価の半額以下程度で売られていることも多いです。

リユースショップでもセールがあるので、元値500円のデニムや700円のアウターが、さらに安くなっていることもあります。

ちなみに今持っているワンピースは、タグ付きの新品で500円でした。

新品で買うとそれなりのお金は必要ですが、リユースなら、それほど懐も痛みません。

探すのが少々手間ですが、時々「お宝」が見つかる面白さもあります。

電気ケトルと炊飯器

いまうちにある調理器具は、1・5合炊きの小さな炊飯器と電気ケトルの二つになりました。冷蔵庫や電子レンジ、ラップや保存容器は使っていません。

以前の私は、自分の趣味は料理だと自負し、二口コンロは部屋選びの必須条件でした。調理器具も、圧力鍋や土鍋、ミルクパンなど、本当に色々使ったものです。

休日に2000円分ほど食材を買ってきて、1週間分のおかずをストックし、ご飯も多めに炊いて冷凍……のようなこともよくしていましたが、疲れが溜まる週の後半に、つくってから日が経ったおかずを食べるのは少々つらいものがありました。

ですが暮らしの低コスト化を進めていくうちに、備え付けのIHヒーターでOK、電子レンジや冷凍庫付きの冷蔵庫を設置できない部屋でも可、と条件が緩んでいきました。

果たして家賃を5000円上げてまで、ガスコンロにこだわる必要があるだろうか？冷蔵庫が必要なのだろうか？と一つひとつ問い直してみた結果、あまり設備はいらないな、となったのです。

いまは調理器具のメンテナンスや、調理中に台所に張り付かねばならない大変さからも解放され、家賃が安くなる以上のメリットも得られてかなり満足しています。

引っ越しも一番かさばっていた調理器具一式がなくなり、ずいぶん身軽になりました。

驚くのは、頑張って作り置きしていたときよりも、いまの食生活の方が健康面もととのい、食費も無理なく小さくなったことです。私の生活には、この装備で十分なようです。

いまの食費は少ないときだと、月4000円を切ることもあるので、何も考えず食材を購入していたときと比較すると、コスト差はかなり大きなものです。

つくりたての方が美味しく、食べたい分だけ調理する方が気持ち的にもラクで、健やかさも快適さもアップしました。

一度、完全な外食生活にも憧れて、すべて外食で済ませることもトライしてみたのですが、大概食事量が多かったりして、経済的にも身体的にも結構大変でした。

そのうち卵かけご飯や納豆ご飯と味噌汁、といった、飾らない普段の食事が食べたくなり「それなら家でつくった方が割安」とわかって気が済みました。

実用面でも、経済面でも、健康面でも、自分に合う食生活を理解し、日々実践するのが何よりです。

食べる分だけ買って、つくる

冷蔵庫に放置していた野菜やおかずを「そろそろ消費しないと……」と無理して食べるのは本当にしんどいです。

いまの食生活では、生鮮品の消費に追われることもなく、食べたい量を少量からつくれるので、気持ち的にもラクです。

家にストックしているのは、煮干しや乾燥大豆、切り干し大根やひじきなどの乾物です。季節にもよりますが、週に1～2回ほど、野菜や卵、豆腐や納豆を買い足して、献立を回しています。

調味料は、味噌、醤油、オリーブオイル、酢、塩といったところです。

マヨネーズやケチャップ、めんつゆなどは食べたければ買いますが、必要になる機会はあまりありません。

ソースやドレッシングは、オリーブオイルと塩、酢、醤油で大体代用できます。

調理という調理はほぼしておらず、朝か昼に炊飯だけします。炊飯器の釜に、米(しかも研ぎもしない)、一晩水につけておいた大豆、ひじきを入れ、水が馴染んだら、あとは炊いて終了です。

それに味噌をお湯でといて海藻を入れただけの味噌汁と、お腹の空き具合によって豆腐や季節の野菜、納豆、酢につけて柔らかくした煮干しを添えたら、食事準備は完了です。

残りのご飯はおにぎりにしておくと、時間が経っても食べやすいです。

味噌汁や煮物用に、昆布やしいたけで出汁をとっていた時もありましたが、それほど好きでもなかったのでやめました。

嫌だったり、面倒に感じることをやめていった結果が、いまの食生活です。

もし「丁寧に料理したい」みたいな気持ちになったら、そうした「乾物を一晩戻して出汁作り」のようなこともするかもしれませんし、そろそろ乾物や野菜作りをはじめてもいいなと思っていますが、それは人生後半の楽しみにもう少し取っておこうと思っています。

体の声を聞く

食生活を小さくするのに考慮した点は、経済性ではなく、「不便や不満を解消する」ということでした。

食事は、何を大事にするかによって内容が全く変わってきます。

肉が食べたい、野菜を食べたい、美味しいものがいい、コスパを重視したい……などなど、人それぞれ食事に望むテーマは本当に幅広く、「自分が押さえておきたい」ことをきちんと定めておくのが、自分が必要とする食生活にととのえるコツです。

このことを実感したのは、一時期、節約に重きを置くためにパンとパスタばかり食べて日々を過ごしていたら、トラブル知らずだった肌に吹き出物が大量にできたことがあったからです。

自分でも不具合の心当たりがあり、小麦製品や菓子を控えて、米と味噌汁のシンプルな内容に変えたところ、肌の悩みが改善したのです。

これをきっかけに米と味噌汁を中心にした食生活に切り替えて以来、自然と野菜を食べる量が増えていき、乾物が便利で美味しいので食べたくなり、時々はタンパク質も必要そうだから魚や卵を少し足し……という感じで、自然に自分が食べたい食材や食事内容が決まっていきました。

いまは謎の吹き出物もほぼ出現しなくなり、便秘知らずにもなり、贅肉《ぜいにく》もむくみもずいぶん気にならなくなったと体感しています。

体は本当に正直だと感じます。食事が合っていれば、自分も体もご機嫌です。合っていないと、明らかな不具合が出てくるものです。

あれやこれやと頭で考えず、体の声によく耳を傾けて食事を決めるようにしています。

「探し物」がない環境

あまり部屋の設備面を気にしなくなり、持ち物のことも無頓着になり、色々とこだわらなくなっていった私ですが、唯一「絶対にやりたくないこと」があります。

それは、部屋で探し物をすることです。

探し物をすると想像しただけで、満員電車に乗るくらいのストレスを感じます。

使いたいものが見つからず、あちこち探し回る時間は、本当に無駄です。

「家中探したけど見つからなくて、諦めて買ったら出てきた」というような話を聞いたりしますが、時間だけでなくお金も失ってしまうなんて、なんと恐ろしいことでしょう。

そんな時間は、できる限りない方が快適に過ごせます。


絶対に「探し物」をしないために私は、「持ち物は増やさない」「ものの定位置を決める」……ということを徹底して過ごしています。

よく整理収納方法として見かける「隠す収納」は、素敵だとは思いますが、真似しようとは思いません。

実用性を考えたら、しまい込まない方が使いやすいからです。

ラベルをつくったり、カテゴリごとに区切りを付けるのが「ちゃんとした収納」なのかもしれませんが、そもそも分けるほど物数もないので、使いたいものをすぐに取り出せる「置くだけ」方式になりました。

しまった場所を覚えておかなくてもよく、いつでも一目瞭然なので、スペースがごちゃつくこともありません。

収納方法やアイテムにこだわるよりも、動線や置き方をほんのひと工夫するだけで、住み心地も良くなります。

ちなみに、「置くだけ」方式の3点ルールはこのような感じです。

1　よく使うものは吊り下げる
2　引き出しや棚では「区切り」を意識して置く
3　セットで使うものは近くに置く

この3点ルールでものを扱うだけで、探し物を100％撲滅できました。

自分が「どうしてもしたくない」ことを全くやらなくて済むのは、結構幸せです。

嫌だったり面倒に感じていることの改善は、急を要していないと、つい放置してしまいがちですが、「絶対にこれだけはやりたくないこと」を決めて、すぐ改善するように心がけているだけで、暮らしの満足度はぐんと上がります。

「住まいをととのえる」というと、掃除や片付けを完璧にしてピカピカにするイメージを持っている方が多いかもしれませんが、私はそうでなくていいと思います。「好きな雰囲気」や「居心地のいい空間」は人によって全く違うからです。散らかっていた方が安らげる人もいれば、スッキリした空間の方が落ち着く人もいます。生活感があると嫌だという人もいれば、安心できるという人もいます。

同じ部屋でも、感じ方は本当に人それぞれです。

片付けや掃除に関しても、「自分が満足できればいい」と、緩く考えています。

私自身は、掃除やものの整理はこまめにしている方だと思いますが、それは単に部屋がきれいだと心地よく、気持ちが明るくなるからです。

汚れやものを溜め込めば、後々の始末に莫大なエネルギーが必要になります。

小分けにして進めた方が、労力的にも気持ち的にも、低コストで済むので気楽なのです。

「しなければならない」と思って、したくないのに無理やり動かなければならないことほどしんどいことはありません。

頑張りたいなら、頑張った方がいいですが、「頑張らないで済む方法」を真剣に考えて取り組むのも、発見が多くて面白いですよ！

メインディッシュがある部屋

1章では、家賃や住環境など、「お金が必要ない環境」についてお話ししました。

こちらでは、片付けや掃除など「部屋との付き合い方」をまとめてみたいと思います。


いまの部屋を選ぶとき、「窓の外の緑を眺めながらパソコン作業や読書ができたらいいな」ということと、「畳で日向ぼっこをしながらゴロゴロしたいな」ということだけを思い描いていました。


部屋の設備面は、全部おまけ感覚で、ほとんどチェックしませんでした。

日当たりや風通し、家賃などは部屋選びの条件として重要ですが、同じくらい「その住まいで自分が何をしたいのか」も大切です。

目的を決めず、おしゃれな部屋にしたいし料理もしたい、浴室やトイレもきれいなほうがいい……と多くを望むと、結局どれも中途半端になりがちです。

大きな不満もない代わりに、際立った満足もない「ほどほどな感じ」という、〝幕の内弁当〟なバランスは、お金の力を借りれば、高い平均値で実現可能でしょう。

ですが、自分の必要以上に条件を増やすと、支出が増えたり、片付けや掃除に追われることにもなりかねません。

私は〝幕の内弁当〟な部屋にそれほど魅力を感じないため、自分が惹かれる「メインディッシュ」を先に決めるようにしています。

メインを一つか二つ、明確に決めるだけで、お金をかけなくても自分が満足して過ごせる部屋を見つけられる気がします。

メインの大枠さえ合っていれば、あとは住むうちに気にならなくなることも多いものです。実際に今の私の部屋は、トイレが狭かったり、必要以上に収納スペースが多いのですが、住みはじめてからはあれこれ改善したいと思わなくなりました。

パン祭りのお皿

以前、雑誌やSNSで見かけるような〝おしゃれなライフスタイル〟に憧れて、衣食住に余計な気合を入れた結果、学んだことがあります。

それは、いくらいいものでも、「不慣れなもの」は使わないということです。

「素敵だけど、何だか肩肘張っちゃって不要になる」ということが、衣類にも、食事にも、住まいにも……毎度同じパターンで起こりました。

これまでお伝えしてきた「衣食住」にまつわる色々は、私が手に入れようとあがいてきた〝おしゃれなライフスタイル〟と対峙した記録のようなものです。

ならば、結局何がいいのか。

考えあぐねて行き着いたのが「心地よさ」を基準にすることです。

「衣」……自分が着心地がいい
「食」……自分が心身とも調子がいい
「住」……自分が過ごしやすい

いずれも「自分」が中心です。

よくあちこちで「なぜかいつも使うのは某パン祭りのお皿」という話を伺います。皆さん口を揃えて「結局一番使いやすい」と言うのです。

私はシンプルに「パン祭りのお皿、すごく使いやすくて気に入ってる！」でいいんじゃないかと思うのですが、どうも世間では、お気に入り＝なんかもっと小洒落《こじゃれ》たものであるべし、という認識の方が多いようです。

私は、それは心の声を無視しているのでは……と思います。

衣食住の満足度は、こうした「なんだかんだ気に入ってる」ということが一番大事なのに、このことを否定してくるどこかからの「優しい圧」に邪魔されている気がするのです。

例えば、「少々背伸びして買った北欧製のお皿」と「気兼ねなく使えるパン祭りのお皿」。片方だけ手元に残すとしたら、どちらを選びますか？

選択肢としてみると、このような感じでしょうか。

選択肢1　「少々背伸びして買った北欧製のお皿」を残して、お皿に似合う暮らしにする

選択肢2　自分には馴染まなかったな……と「少々背伸びして買った北欧製のお皿」を手放す

多くの人は、選択肢1を選ぶのではないでしょうか。

どこからともなく、北欧製＝おしゃれ、パン祭りの皿＝非おしゃれ、という圧が発生し

ているからです。

選択肢1は、確かに素敵な暮らしに近づけそうなのですが、お皿1枚を差し替えるだけで、果たして事態は穏便に収束するでしょうか。

きっと、食器一式を差し替えたい欲求が芽生え、なぜかコーヒーをドリップする器具にもこだわりはじめ、家具やカーテンも買い替え……という事態に発展することもなきにしもあらず、です。

そして散財し尽くした末に、「結局自分は何をしたかったのか」と気づいても時すでに遅し。後の祭りです。

というのは少々誇張しすぎかもしれないですが、低コストライフ的には選択肢2を推奨します。

その方が、お金もかからず満足でき、何もかも丸く収まると、私は心底思うのです。

自分のリアルな本音とは裏腹に、「パン祭りのお皿を手放した方がいいのでは」と頭で考えようとするから、しんどくなるのではないでしょうか。

知らず知らずのうちに、どこかからの「イケてる圧」の影響を受けていることに気づいたら、無理に合わせず、そっとスルーするくらいがちょうどいい気がします。

「心地よいもの」を大切にする

結局戻ってきてしまう――私はそれが「愛着がある」ということではないかと思います。愛着があるから、心地いいと思えて、いつも使うようになるのです。

「馴染みのあるもの」とも言えるかもしれません。

人はいくら衣食住を変えても、「馴染みのあるもの」に戻っていくようです。

馴染みとは、自分にとっての「普通」ということでしょう。

でも「衣食住をととのえたい」と思うとき、多くの人はこの自分の「馴染みのあるもの」に戻そうとするよりも、そこからどんどん離れるようなことをしたくなったりします。

着たことがないデザインの服を選んだり、お肉が大好きなのに急に野菜中心の食生活にしてみたり、これまで住んだことのないようなハイスペックの部屋を選んでみたり……。

そうすると、本来自分にとって「心地いいこと」から、どんどんズレていきます。

そしてあるとき「なんか違う」と気づいて、また全て変えたくなる……なんてことが起こってしまうかもしれません。

自分に馴染みがあるもの、愛着があるものをきちんと大切にして、嫌がったり否定したりせずに、前向きに捉え直してみると、衣食住も自然と自分に沿った形に「ととのう」のではないかと思います。

私にとって、着心地のいい衣服、ご飯と味噌汁の食事、リラックスして過ごせる住まいは、何ものにも代えがたいものです。

どこかからの「これが正しい」に自分の衣食住を合わせるのが「ととのえる」ことではない、と思うのです。

自分が満足できることは、「世間的な評価」とはまた別のところにある、ということをわかっていた方が、周りの影響を受けてブレることもなくなり、暮らしの満足度が上がるのではないかと思っています。

一般的にはどうであれ「自分は気に入ってる」というものを、衣食住でも基本にすると、生活全体が自然と低コストになっていく……というのが、私の実感です。

〝お気に入りに囲まれた暮らし〟や〝丁寧な暮らし〟に憧れる気持ちは、私も経てきたのでよくわかります。

でもそれらはきっと「頭の声」です。

手放したい！　変えたい！　と、いまの生活から離れたくなるときは、もののスペックではなく、自分の「心の声」に耳を傾けると、本当に自分が望んでいることがわかってきます。

そして、「心の声」を大事にし続けると、自然と心地よい生活になっていきます。

それは、お金をかけて持ち物を揃えることではなく、不要なものを処分することでもなく、「いいな」という実感をきちんと持つことから始まるのだと思います。

「いいな」と思うとき、心に小さな花が咲くような、ホッとする感覚が生まれます。

そんな「いいな」が咲く感覚をもっと日常で意識してみると、その心地よさは大きな花へと育っていくと思いますよ。

かぜたみ相談室

Q▼ワードローブの内訳を知りたいです!

A▼ワードローブ、というほどのものでもないですが、着るものの数を申し上げます。

今数えてきましたら、上の服がアウター含めて5枚、下の服は4枚、ワンピースが1枚でした。この中に部屋着や寝巻きも含まれています。

部屋着や寝巻きを外にも着て行っているのか、外でも着てるけど家でも着る、という感じなのか、このあたりのスタンスがどんどん不明瞭になってきました。

しかし服を選ぶのがめんどくさい民としては、一年中、半袖半パン、くらいで過ごすのが憧れです。

一生のうちのどこかでは、四季のない国で長期間過ごしてみたい願望があります。

かぜたみ相談室

Q▼ 手放したくても「いつか必要になるかも」と思ってしまいます。

A▼ 趣味の株での話ですが、「ここで売って明日株価が暴騰したら……」とか、「私が買ったらどうせ株価が下がるんでしょ」という妄想が浮かんで、なかなか踏ん切りがつかないことがあります。なぜそうなるのか自己分析したところ、そもそも売買する際に、シミュレーションがきちんとできていないこと、加えて、考えも不足しているし、勉強も不足していることが原因だとわかりました。悲しいです。

ものにまつわる手放しも、わりと似たようなものなのかなと思います。手放すか迷うという悩みは、シミュレーション不足、考え不足、勉強不足という、「3つの不足」が揃ったときに起こるのではないでしょうか。

とはいえ世の多くの方は案外、「手放さなくていいものをわざわざ手放そうとしている」場合も多い気がしていて、「無理やり手放そうとしない」というのも大事だと思います。「手放そうとすることを手放す」と、意外とことは動くような気がするのですが、いかがでしょうか。しかし自分で書いておきながら、身につまされます。

第 3 章

思考と習慣をととのえる

「よかれ」という穏やかでしんどい圧

私たちの周りには、便利そうなサービスや良さそうなものが溢《あふ》れています。でも、そのどれもが私たちにとって〝本当に〟役に立つのでしょうか。

0章に書いたように、以前の私は、周りの状況で判断しすぎて、かえって自分が何をしたいのかわからなくなってしまっていました。

「これを使ったらきれいになれますよ」
「これを着たらおしゃれになれますよ」
「これを置いたら素敵な部屋になりますよ」

世にあるものは、どれも便利で魅力的なものばかりだと思うのですが、外からの提案をあまりに受け入れすぎると、「自分はどうしたいのか」がすっかりわからなくなってしまうのです。

「自分はどうしたいのか」を差し置いて、こうした外からの「よかれ」を取り入れ続けたらどうなるかといえば、部屋にものが溢れ、手元のお金は減り……充実した暮らしを目指したはずなのに、望んでもいない悲しい結果が待っています。

それはまるで、「あなたのため」と言いながら押し付けられる、優しい圧のようです。

明らかに害がありそうなら、「間に合ってます」と断るのもまだラクかもしれませんが、「取り入れた方がいい気がする……」という迷いが生じてしまうと、どんどん自分というものを見失っていってしまうのかもしれません。

ものだけでなく、周りの人間関係からも「よかれ」の影響を受けることがあります。

もし、お気に入りの服を着ているときに、友達から「こっちの服の方が似合うよ！」とアドバイスされたら、あなたはどう感じるでしょうか。

アドバイスが役立つと思えたら、ありがたく受け取れるかもしれませんが、自分が気に入っている服を否定されたように感じたり、自分の感覚が認めてもらえていない気がして寂しい気持ちになるかもしれません。

そんなときでも「ありがとう、でも私はこの服が気に入ってるから」と明るく返せればいいのですが、自分に自信を持てず迷いがあるときは、こうした他人の「よかれ」を取り入れすぎて自分を見失いがち……ということを、私自身、過去にも多く経験しました。

とくに、頑張って働いているのに、なぜか手元のお金が増えないときは、大体こうした「自分を見失っているとき」でした。自分が気に入っていたらそれが一番いいのに、です。

社会や周囲からの「よかれ」に沿わなければいけないと思っていたときの私は、「よかれ」を勝手に「せねば」に変換していました。

「料理せねば」「おしゃれせねば」「キャリアアップせねば」と、「せねば」に圧せられて働きすぎていた上に、余計なお金も使ってしんどかった記憶があります。

でも、それも全て、自分がそう勝手に思い込んでいただけだったのです。

本当はもっと、世界は広くて、たくさんの選択肢がありました。

そして「よかれ」を押し付けてきたと思っていた周囲も世間も、それほど深く考えてものを言ってなかったりして、別に真に受けることもなかったのです。

私の脳内シミュレーションよりも、世界や世間はもっと軽快で自由で、ずっと広いものだとわかりはじめてから、周りのことも自分のことも「こんなもんだ」と緩く捉えることができるようになりました。

私たちが身を置く世間の情報は、自分がどう考えるかよりも「これが正解」「これが答え」「こっちの方がイケてる」という感じで打ち出されていることが多く、あまりそれらに引っ張られすぎていると、どんどん「いまのままではダメなんじゃないか」とうっかり思わされる流れができている気がします。

この思い込みを手放すのは、本当に、言うは易しです。

でも、諦めずに「自分の心地よさ」をしつこく探求し続けるからこそ、どこかでふっと気づくことなのかもしれないなとも思います。

自分で選んで、自分で決める

会社での仕事をきっかけにはじめたSNSで学んだことがあります。

皆様もご周知の通り、ネットの世界は自由です。

自分が興味のあることをSNSやブログで発信すると、同じようなことに興味・関心を持つ人や、物事とつながることができます。

会社や住む場所によって決まるご近所付き合いのように、もう決まっている関係性ではなく、自分で発信してゼロからつくり上げていくネットの世界は、とても自由でいいなと実感しました。

と同時に、発信したいこと、誰かに伝えたいこと――SNSに自分が撮った写真や日々の考えを投稿していると、これまで「自分で選んだ」と言えるものはほとんどないことに気づいたのです。

それまでは仕事を選ぶにしても、「強烈にやりたい！」というよりも「内定が出たから」「会社の仕事だから」「人から紹介されたから」と基本流されて動いていて、それは会社員であってもフリーランスであっても、変わらずでした。

私にはあまりにも「自分で考えて決める」経験が少なすぎたのです。

いつでも受け身で過ごしていた自分の姿勢を見直す段階にきていると、自分でもわかったときでした。

SNSを通して、身を置く環境や交流する人を自分で選び取る体験を重ねたことも、いまの生活に踏み切ったきっかけの一つです。

何が心地いいのかがわからず、漠然とそれまでを過ごしてきましたが、年齢を経るごとに、少しずつ「自分に合うこと」の選別が上手くなった、という収穫もありました。

「自分に合うこと」を選ぶのが上手くなってくると、自分に合う環境に身を置くことができ、毎日がかなり過ごしやすくなります。

そうすると、無理せず付き合える人間関係ができ、仕事もそれなりに成果が出せるようになり、自信をつけることができたのです。

自信がついたおかげで、「今ならこれまでと違うことができそう」と、数年暮らせる手持ちの貯金だけを頼りに仕事を辞め、当時興味を持ったネットでの発信をスタートし、現在の生活に至ります。

私に足りなかったのは、お金やものではなく、自分への信頼感だったのかもしれません。

私自身の性格や趣向など本質的なところは、昔からあまり変わっていないはずですが、理想を追いかけすぎるより、自分に合う環境にいることの方が大事で、自分に合わない場所からは早々に去ったほうがいいということを本当に実感しました。

「どんな小さなことでも自分で選んで、自分で決める」

私の生活にそれまでと違った変化が訪れてきたのも、これを心がけて日々過ごすようになったからだと思います。

そうすると、自然と不要な出費も抑えられるようになってくるのです。

私はいつも、自分を取り巻く環境が変わるたびに「理想の自分」が変わり、常に「ブレる自分」を持て余していました。

「こうありたい」という確固たる自分がある人は、かっこいいです。でも私の理想はいつも、「とにかく今の自分じゃない自分になりたい」でした。

現実の自分を意識すると、いてもたってもいられなかったので、内側の自分の空虚さを感じたくなくて、持ち物や人間関係にお金を使って、外側から自分をつくっていきたかったのかもしれません。

モヤモヤと形のない状態だった私は、「自分で選んで、自分で決める」を心がけるようになってから、霧の中から自分がだんだん浮かび上がってくるように、じわじわと「今の自分でＯＫ」と思えるようになっていきました。

少しずつ少しずつ、頭と心のモヤが晴れていき、生活も、自分も安定するようになっていきました。

働く＝就職する……という幻想

私は人生の長い間、頑なに「働く」＝「会社員」だと信じていました。

会社に馴染めない自分を社会不適合者だと思って働くことが嫌になりかけていましたが、ある無職期間中に、知人から仕事を振られ、予期せずフリーランスのライターとして働きはじめたところ、自分は一人で働くほうが向いていることがわかり、一気に世界が開けてとても気持ちが軽くなりました。

会社員のように月給がない暮らしに経済的な不安はありましたが、会社でのお付き合いや気晴らしのための不要な出費が減って、使えるお金の自由度は上がったのです。

そうして億劫《おっくう》なことから離れてみると、そこではじめて自分が「何をしたいか」に立ち返ることができました。

一人で黙々と原稿に取り組んでいると、自分はどんな暮らしを送れたらハッピーなのかぼんやりと見えてきて、ちょっとホッとしました。

長いときは1日15時間くらい座って原稿を書き続けたこともありましたが、苦痛だとも思わず、むしろ一つのことに集中して取り組めるのが何よりもラクでした。

当時はいまほど、「自宅で働く」ことが普及しておらず、家で仕事するなんて想像もしていなかったのですが、毎朝電車に乗って通勤したり、化粧や仕事用の服に着替えるなどの細かな配慮を一切しなくてよくなり、心の負担が90％以上減りました。

「どこかに勤めなくてもいいんだ」と新たな働き方の選択肢が自分に加わって、「組織に所属していないと路頭に迷う」というイメージが覆された瞬間でした。

いまでもですが、フリーランスで働いていると住まいにとらわれることもないので、自然豊かな地方に住んでみたり、また都会に戻ってみたりして、人生の早めの時点で住む場所を自由に決められたのも良かったなと振り返ります。

収入が不安定でも、時間と固定された住まいから解放された経験はかなり貴重でした。

低コストで暮らしていると、働き方のチャレンジの幅も広げやすくなるのでおすすめです。

自分を上手に褒める

低コストライフを送っているうちに、気づいたことの中でも、とくにお伝えしておきたいのが「自信を持つこと」の大切さです。

昔の私は、これができていなかったから、いくらお金を洋服や持ち物に使っても、満足できなかったのだと気づきました。

世間一般では、自信をつける方法ってどんなことだと考えられているでしょうか。

「少し背伸びした目標を達成できたら自信はつくはず」と、資格の勉強や貯金などに励まれている方も多いかもしれません。

それも一つとして、自信をつけるには「小さいこと」の積み重ねが大事だと思って日々過ごしています。

大きなことよりも小さなことの方がクリアもしやすいですし、達成感もあったりして、私にはすごく効いたのです。

普段見逃しそうなレベルで、自信を積み重ねるための「小さな材料」は散らばっています。

でも多くの人はできて当たり前と思っているか、「やるべきタスク」と認識しているため、見逃されていることの方が多い気がします。

自分に自信をつける、ということを意識しだしてから、どんな小さなことでも自分ができたことは「逐一褒める」で過ごすようになったのですが、以前よりも心の安定度が増して、「ものすごく自信がない」という状態は減った気がするのです。

「逐一褒める」とは、どのレベルの小さなことなのかをご紹介しましょう。

・朝早めに起きられて「よくできた」
・掃除できて「素晴らしい」
・忘れずにゴミ出しできて「すごい」
・今日も無事に終えられて「よかった」

書いてみると、かなりミクロですね……。でも、私の頭というか心の中は、いつもこんな感じの言葉が自動的にふわりふわりと思い浮かぶようになっています。

最初こそ、「ふんぬ！」とわりと意識して、居心地悪い感じでやっていましたが、いまは息をするように普通になりました。

「どれもできて当然」と言えばそうなのですが、果たしてそうでしょうか。

朝、早めに起きられないときもありますし、掃除できないときもあります。ゴミの日を忘れるときもありますし、計画通りに仕事が進まないときもあります。

天災や病気や怪我のトラブルを考えれば、1日が無事に終わらないときだって、ないことはないでしょう。

でも私たちは、知らず知らずのうちに「条件付け」をして、自信をつけたり褒めたりすることが多い気がします。

- 〝予定通りの時間に〟起きられて「よくできた」
- 〝ちり一つなく〟掃除できて「素晴らしい」
- 〝毎日〟忘れずにゴミ出しできて「すごい」
- 〝予定外のことが一切なく〟今日も無事に終えられて「よかった」

どうでしょうか。はじめにご紹介した内容に、軽く条件をつけただけなのですが、印象は変わりましたか？　どんなふうに変わりましたか？

この条件付けをするごとに、せっかく自信がつく機会を、わざわざなくすようなことをしてしまっている気がするのです。

このハードモードにする設定は本当にキリがありません。

確かに達成できたらすごいのだと思いますが、そうすることで得られる気持ちは、私がお伝えしたい「自信」とは少し種類が違います。

このハードモード設定の代わりに私が意識しているのは、「褒め」です。

・朝早めに起きられて、〝本当に〟「よくできた」
・掃除できて、〝1年前の自分には考えられないくらい〟「素晴らしい」
・忘れずにゴミ出しできて、〝見違えるほど〟「すごい」
・今日も無事に終えられて、〝じんわり温かくなるほど〟「よかった」

単なる「できて良かった！」をもう一歩進める感じです。

私は、ハードモードな目標を血の滲《にじ》むような努力をして目指すよりも、こちらの方が軽やかで好みです。

「褒める」を続けることで、自分の内面がどう変わっていくのか。

自分の内側で「すごい」がどう成長していくのか。

そこから起こる感じ方の変化を楽しむことが、私が思う自信の育み方です。

「自信がつく方」を選ぶ

この「褒める」習慣。クセづいていないと、最初は上手くいかないかもしれません。

いい具合に言葉が浮かばない……という場合は、こんなふうに並べてみるとわかりやすいかもしれません。

自分で自分に声をかけるなら、どちらが嬉しいですか？

A　計画通りに仕事が進んで、「よくやってる」
B　会社の売り上げに貢献できるほど、計画通りに仕事が進んで「よくやってる」

状況によると思いますが、「いまの自分は」を基準に選ぶのがコツです。

Bもすごいですが、「Aがいいな」と思うときはAでいいのです。

でも、なぜか真面目に頑張っている人ほど、Aでも嬉しいのに、Bほど「よくやってる」状況にはなっていないから全然ダメだ、みたいな形で、圧倒的にしんどい方をわざわざ選択されている人が多い気がするのです。

この思考に陥ると、いつでも簡単に自信を失うことができ、もっともっと！と自分に追い打ちをかけてしまいます。

いくら追いつこうとしても追いつけない、蜃気楼をつかみに行くような無限地獄です。

これでは、いくら自信があっても足りない〝自信の散財〟状態になってしまいます。

自分に追い打ちをかけないために、条件をつけない「ただすごい」を深めていく方向に、自分の考えと感じ方を変える必要があります。

今の私は、たとえ計画通りに物事が進んでいなくても、「1ミリでも進んでよくやってる」「パソコンを立ち上げられてすごい」というふうに、超甘めに加減したりします。

そうすると不思議なことに、気が重かったことも「まあやるか」という気持ちになって、妙にその後の行動が捗ることが多いです。

すごいすごい！と、ただ褒め称えるのも一つなのですが、単調になりがちなので深掘りするワードをあらかじめ準備して持っておくのもポイントです。

ちなみに私がよく使うのは、「にもかかわらず」をつけて考えてみることです。

この原稿も、「書きはじめは乗り気じゃなかったにもかかわらず、ここまで書けて本当に天才だよね〜」みたいな感じで進めています。

自分をいたわるのが目的なので、人に言うと呆れられるかもしれないけれど……という思いはそっと棚上げです。

「にもかかわらず」は、すぐ使える上に自信や勇気が湧いてくるのでおすすめです。

前に一歩、それも大きな一歩に繋がっていくと思います。

「……にもかかわらず、ほんとよくやってるよね〜。私も、あなたも」

どうでしょう。自信の芽が感じられましたか？

スマホと自分を定期チェックする

私は1か月に1〜2回ほど、スマホの中身を整理します。不要なアプリやメモのためにとったスクリーンショットなど、知らない間に何かと溜まっているからです。

ざっくりした手順を挙げてみます。

▼写真フォルダ　1枚ずつ見ていって、いま役立っているもの、残しておきたいものだけ残す。完全に記憶から消えていた画像が発掘されたら削除。

▼メモアプリ　保留になっている事項は実行する。きちんと考えをまとめておきたいメモは、別のツール（紙のノートなど）にきちんとまとめて整理し、明らかに不要なメモ、実行し終わったメモ内容は削除する。

▼各種アプリ　使いやすい順番に、フォルダ分けや並び順を変える。明らかに使わなくなったアプリは削除する。

こうして整理すると、まるで自分の過去を整理しているような気持ちになって、「そういえば、この時期はこんなことを考えていたな」と、軽く振り返る時間にもなります。そうすると、いま抱えている悩みや不安も、きっと整理する段階になれば「そんなことあったわ」と思えるようになって、狭くなった視野も心持ち広くなる気がするのです。

スマホに限らず何事も、不具合なく使うためにはこまめなメンテナンスが必要です。

自分自身のことも、このスマホの整理作業と同じように「嫌なこと」「合わないこと」「もう必要ないこと」を溜め込んでいないか定期的に考えるようにしています。

きっと私たちの内側にも、こうした「使わないアプリ」のような存在があって、それらが溜まりすぎるとストレスを感じるのかも、と思うことがあります。

でも自分の内側はアプリのように見える訳ではないので、解決を先延ばしにしてしまいます。

ですが、放置すれば確実に蓄積されていき、どんどん対処が大変になっていきます。

まだストレスが軽いうちに、こまめに見直すのがいいのではないかと思うのです。

低コストライフを送る前は、この自分の内側に溜まった「不要なアプリ」=ストレスから一時的に離れたくて、ショッピングに出かけてみたり、外食してみたり、1泊2日の旅行に出かけてみたりすることで、削除できた気になっていました。

10回に1回ほどは成功することもありましたが、残りの9回は、なんとなく現実逃避になっただけで根本的な解決には繋がっていなかった気がします。

自分の内側にあるストレスは、アプリとは違い、そうすぐには消せません。

なぜか消えないものや、削除してもまた復活するような手強いものもありますが、定期的に改めて向き合ってみると自然と消えていくのです。

きちんと消えるように対応していけば、自分のメモリを圧迫せず、大きなトラブルもそれほど起こらなくなるのではないかと思っています。

「こだわり」は取り扱い注意

低コストライフを送っていて、取り扱いに注意を払っているのが「こだわり」です。「こだわり」の取り扱いはかなり難しく、上手く使えれば、低コストで済み、自分も満足できるという、かなりハイクオリティな仕上がりに持っていけるのですが、使い方を間違えると浪費や散財を増幅させてしまう、私にとっては〝危険物〟です。

人によっては「こだわり」が強すぎるばかりに、健やかで充実した低コストライフを送れていないケースも、きっとあることでしょう。

では「こだわり」が悪い動きをしてしまっている例を見てみましょう。

・ポイントを集めるために、こまめに買い物している
・歯ブラシにはお金をかけるのに、歯科検診はケチって行かない
・嗜好品のお茶やお菓子は奮発するのに、普段の食事は適当に済ます

「こだわり」は人それぞれで、私にも無数にあります。

外野がとやかく言うものではない、ということはまず前提に置いておきたいと思います。自分のお金をどう使おうと、どんな生活を送ろうとみな自由ですからね。

ここでお伝えしたいのは、「こだわり」の取り扱い方です。

先ほどの例だと、「ポイント」「歯ブラシ」「嗜好品」が〝こだわりポイント〟で、こだわりのみを実行しようとするばかりに、全体で見るとデメリットの方が多くなってしまっています。

これでは事態が良くなるばかりか、やればやるほど支出が増えたり、体調が悪化する可能性もあります。

不具合のある流れは、わりと「こだわり」から発生していることも多い気がします。

「こだわり」を手放すには、それが悪さをしていることに気づいて、客観的な事実に基づく判断が必要です。

しかし「嗜好品を控えて、肉や魚、果物や野菜を摂る方が健康的」という、真正面からの正論は、みんなわかっているのです。

でも……という、ここから先のところは、次でお伝えしたいと思います。

とりあえず好きなことをする

私がこの「こだわり」を手放すときに心がけているのは、とりあえず「自分が今したい好きなことをする」です。

私の場合は、読みたい本を読んだり、音楽を聴いたり、散歩したりすることが多いです。これらの好きなことをした後は、自分の充電をし終わったように元気があります。

そういうふうに自分が満たされていると、心なしか執着心も小さくなり、こだわりも手放しやすい気がします。

「こだわり」にこだわっているときほど、自分が「本来好きなこと」や「あると満足するポイント」をすっかり忘れてしまっていることが多いです。

「こだわり」にこだわるばかりに、どんどん状況が苦しくなる選択肢を選ぶようになり、それが不具合に繋がっていく気がするのです。

先ほどの「嗜好品」のこだわりを手放したいなら、まずすぐにできる「自分が今したい好きなこと」をしてみると、わりと満足して気持ちも落ち着きます。

とりあえず手近にある好きなことをしてみると、「なんであんなにこだわってたのか……」と冷静になれて、自然と「こだわり」が剥がれていくことが多いです。

もしかすると、好きなこと、したいことができていないから、妙に「自分のこだわり」を大事にしようとしてしまうのかもしれません。


「自分が今したい好きなこと」は、不具合のある流れから、本来の自分へ立ち戻るガイドラインのようなものです。

がむしゃらに頑張り続けるよりも、少し休んだり、散歩したりして、気を緩めて過ごしていると「自分のこだわり」も薄らいでいきます。

そうなると思いもよらない不具合の原因に気づいて、あっさり解決するかもしれません。

上手くいかないときは立ち止まってみる

日常生活を送っていると、なんだか上手くいかないことは多かれ少なかれあるものです。頑張っているのに、なぜか上手くいかない。同じようなトラブルに巻き込まれて、毎日が嫌になる。そういうときは、あまりむやみに前に進めず休むよう心がけています。

少しでも立ち止まってみると、視野が広くなって、上手くいかない原因になっていることも見えてくるはず、と思っているからです。

以前、上手くいかない……と悩んでいたときに、あるものを見かけてとても気持ちがラクになった、こんなことがありました。

ある日、いつも通り買い物帰りに道を歩いていたら、道端の側溝に、大量の枯れ葉が溜まっているのを見かけました。

位置的に、近々雨が降ったら、水がせき止められてしまいそうな雰囲気です。

はじめは「ここに枯れ葉が詰まったままだと、次の大雨で水が溢れるかも……」と思ってぼんやり見ていたのですが、そのうちに自分が今、悩んでいることの原因も、この枯れ葉のかたまりのようにたった一つだけなんじゃないか、となんだか自分と重なったのです。

そうすると、自分の胸のつかえが何であるかを自覚できて、不思議と気持ちがおさまっていきました。


理屈では割り切れないことがたくさんありますが、そこから視点を外してみると、わりと解消できるヒントは、私たちの日常生活の足元にある気がしています。

先ほどの側溝の話でいえば、上手くいかないときは、枯れ葉がもう落ちてこないようにとか、もう雨が降らないようにとか、無理なことを願ってしまいがちです。

でも、自分が変えられない非現実的なことを願っても仕方なく、少しいつもの動きを止めてみて、不具合が起こりやすい箇所を自分で気にかけておく、というのが一番確実な解決手段であるはずです。

何をどうしたって、枯れ葉は落ちるし雨は降るのです。

頭や心の中は見えないだけに、そう単純には解消できません。

不具合があるな、と感じたら一旦立ち止まって、自分のわだかまりがどこにあるのか、よく詰まりやすいところはどこか、日頃から見つけておくといいのかな、と思います。

自分の感覚に目を向ける

自分が興味・関心のあるものや、好きなものに出会ったときには、気持ちが明るくなる感じや体が軽い感じ、体温がちょっと上がるような感覚があります。

よく買い物なんかでも「一目惚れ」という表現をしたりしますが、あの感じです。

好きなものを見たり触れたりしたときに、暗い気持ちになったり、体が重い感じがしたり、体が冷えたりすることはなさそうです。

生活回りのことを考えるときにも、あれこれ頭で考えすぎず、こんな「ウキウキすること」をキャッチする習慣を持っていた方が、正しい答えにたどり着けるように思うのです。

カフェの席を選ぶとき、どうやって選んでいますか?

きっとみんな、各々好きな場所を選んで座っているはずです。

いつも端っこがいい人、窓の近くがいい人、一人でも4人席がいい人……大体は自分の目的に合った席をきちんと選んでいるのではないでしょうか。

店内が空いているのに、寒い日にわざわざテラス席を選ぶことはないでしょうし、壁際の席がたくさんあるのに、真ん中にある大テーブルにポツンと独り座る人はきっと少ないはずです。

みんな自然と自分が落ち着くいい感じの席をチョイスしていると思います。

これを私は「感覚」を大事にする、ということだと思っています。

「この席がいい」と選んだとき、「ここが落ち着きそう」と、感覚的に判断しているのではないでしょうか。

持ち物や生活のことになると自分の感覚を大事にせず、理屈や評判などで選ぶことが、どうしても多くなります。

なんだか自分の生活や身の回りの持ち物、環境などがしっくりこない、とか、気に入っていないときは、もしかしたら「感覚」を無視して判断しているのかもしれません。

カフェの席選びは、「もし満席になったらどうしよう」など先々を深く考えずに、「そのときがきたら判断すればいい」と大抵の人が思って選んでいるはずです。

生活も席選びと同じように、「ここが落ち着きそう」ということを選ぶとハズレや失敗が起こりづらい気がしています。

私にとって暮らしづくりは、カフェの席選びとほとんど同じです。
自分の「心地よさ」を自分でつくり出したり、選ぶということだと思うのです。

一瞬でわかること

自分にはこれが向いているなとか、これが好きだな、と思うことは、実は一瞬でわかっているものではないかなと思います。

今日食べたいもの
今日家でしたいこと
今日行きたいところ

頭で考えあぐねたりせず、「これがいい」とはっきり浮かんだものほど、行動に移したときに満足感を得られるのではないでしょうか。
反対に、自分の思いや感覚とちぐはぐなことをすると、ものすごくモヤモヤします。

例えば、ランチにこんな選択肢があるとしましょう。

ハンバーグ定食　1000円
煮魚定食　800円

本当は「明らかにハンバーグ」の気分なのに、節約のために200円を出し渋り、煮魚定食を選んだとします。

いつも選ばないけど煮魚定食もなかなかいいな！　と満足する場合は素敵ですが、人の気持ちというのは、そう都合よく割り切れるものではありません。

大体の場合は、「今日はハンバーグ定食」と思ったなら、もうすでに口の中は「完全にハンバーグ」になっているはずです。

煮魚を一口食べて「やっぱりハンバーグにすればよかった……」とものすごく後悔する場合もあるかもしれません。

そうなれば最初からハンバーグ定食を選んだ方が、少々高かったとしても、確実に満足感を得られるでしょう。

「ハンバーグ定食がいい」と思ったなら、はじめからその通りに行動するのが、あとあと軌道修正することもなく、大概の人は満足できるのではないでしょうか。

いらぬ執念の原因はつくらない方が、低コストに済むのです。

他にも考え方は色々ありますが、より自分の満足感が増す選択肢を、自由自在に考え出していけるようになると、満足感と低コストは両立する、ということが体感できるようになります。

そうすると、ひもじい思いも、「節約＝我慢」という考えからも離れることができて、それほどお金を使わなくても十分に満足できる選択肢を選べるようになると思うのです。

これが、低コストライフと、節約第一のひもじい世界観との違う点かもしれません。

低コストでも自分が満足して過ごすために、「こっちがいい」という感覚を大切に扱ってみてください。


私は日常生活でこんなことをやるようにしています。

遊び感覚ですが、本心で感じたことを実行するためのトレーニングのようなものです。

・家具の配置を固定せず、今いたい場所に椅子や机を置く
・お店でメニューを選ぶときは一瞬で決める

・迷ったら「今は決められない」と決める
・その日の予定は朝に決める

すぐに実行できないこともありますが、心がけることが大事な気がしています。日々、本心に沿って実行する練習を繰り返していると、「考えてばかりで動けない……」が減って実行力が上がりました。


「自分で決めて実行する」。

このトレーニングを心がけるようになった最初の頃は、「エセこっちがいい」が頻繁に登場しました。

エセというのも、頭でっかちに理屈っぽく考えたことなので、実際に実行してみたら「なんか違う」という結果になりがちだったからです。

そこでめげずに、「どれがしっくりくるのか」をやり直し続けると、次第に自分の行動の精度も上がっていき、「なんか違う」が起こる回数も激減していきました。

「自分はこっちがいい」を、率直に実行するのに慣れていないと、どうもためらってしまうようです。

考え続けるのが好きで楽しいならいいですが、それらに囚われて、動けなくなってしまう人が多いのではないでしょうか。

動けなくなっているときは「理屈が過剰気味」で、必要以上に複雑に考えてしまっていることが多い気がします。

「どうしたらこまめに掃除できるようになりますか？」「浪費を抑えるためにはどうしたらいいですか？」と、質問を受けることも多いのですが、まずは「きっと上手くいく方法があるはず」という考えから、自分を解放するのが近道かもしれません。

方法ではなくて、自分がしたいことを大事にするのです。

こまめに掃除する人は、身の回りをきれいにしたいのでその通りに動きます。

浪費しない人は、浪費したくないからしません。思ったまま、行動しているだけです。

考え方や方法を変えることも一つですが、まずは「自分のしたい通りに動く」体験を小さなことからでも重ねていくと、生活のあらゆるところへ影響が及んでいきます。

そのうちに自然と、暮らしの流れがそれまでとはかなり変わってくると思います。

そのためには、「思った通りに行動していい」と自分に許可を出すことが、第一歩です。

ぜひ、小さくても構わないので、一歩前に踏み出してみてください。

やめなれておく

何かを「やめる」というのは、なんだか車の運転に似ているな、と思うときがあります。例えば「高速道路を時速80キロで走っていたけど減速していきたい」と思ったとします。ちょっと疲れちゃったわ、という感じで。

でも、周りの車はみんな時速80キロで走っています。別の車線では、100キロ近いスピードで走っている車も見えます。

ちょっと疲れちゃった私が、80キロで運転するのをやめるには、どうしたらいいでしょうか。

減速する＝ブレーキを踏み込むことかもしれませんし、アクセルを緩めることかもしれませんし、もっと他の方法があるかもしれません。

何かを「やめる」ということは、「どうしたらやめていけるのか」を考えることからすでにはじまっている……と私はよく思います。

ここでは、「やめる」ことについての私の考えをまとめてみたいと思います。

時速80キロの車に囲まれて、高速道路を走っている。

いよいよ運転に疲れてきて、このまま流れに乗り続けるのはしんどい。

でも自分だけいきなり減速するのは、怖いし危ない。

自分のタイミングで減速するためには、どんな方法があるでしょうか。


どうしても「みんながいる流れにいながら」と考えがちですが、「同じ道路で走り続けるべし」などというルールはありません。

もっと心にゆとりを持って考えてみれば、他の方法を思いつくのではないでしょうか。

例えば、「走る道を変えてみる」ことです。

生活も同じように、「ずっと同じ生活を送るべし」なんて決まりはありません。

流れを変える方法は色々あるのだと思います。

でもそれを、なんだかんだ理由をつけてやらないだけです。

走り続けるのに不具合があったり、しんどいと感じていたら、「怖くない流れの変え方」を考えてみるのがいいと思うのです。


高速道路を走っていて、いまより減速したいとき。

私ならいったん下道へ降りると思います。

そしてどこか入れるコンビニなどを見つけて、コーヒーとパンを買って休憩しつつ、地図を見たりして、「いい感じの道はどこかな」と運転の計画を仕切り直すと思います。

「海沿いがいいな」なんて考えたりして。

別に同じ道路で、同じスピードで走りながら、このあとのことを考えなくちゃいけない訳ではないからです。

「同じ道路で」「走りながら考える」と思い込んでいたら、道路からも車からも降りる選択肢は思い浮かびもせず、なんとなく同じスピードで走り続けてしまうかもしれません。

あとは何より、タイミングを逃さないというのも大事です。

私たちの生活は、なんだか「みんなと一緒に」走っていた方がラクだったり、「いつもと同じ道路」にいた方が安心な気がして、せっかく駐車できる場所を見つけても、スルーしてしまうことが多い気がします。

さっきなら駐車スペースが空いていたコンビニも、今入ろうとしたら停める場所がない……なんてことになったら、なんだかますます、落ち着ける場所を求めたくなって、同じスピードで走り続けるのがつらくなりそうです。

「やめる」というのは、タイミングよく休憩することなのかもしれません。

ベストな判断をするには、「ブレーキを踏まねば」などの手段を真っ先に考えるのではなくて、いまのままではしんどい、とちゃんと気づいた上で、じゃあどんな方法がいいのだろうか、と停まれる場所を見つけて、一旦停止してみることだと思うのです。


まずやることは、勇気を振り絞ってブレーキを踏むことではなく、「とりあえず今の流れから抜けよう」と決めること。

そして自分の〝やめたい〟という気持ちに沿って、いまの自分が無理なくできることを実行してみるのが大事な気がします。

いつも同じ道を、いつも同じスピードで走っていたら、他にどんな方法があるのか、知ることも考えることもないかもしれません。

本気の「やめたい」が訪れる前に、事前にもっと軽いことで、やめる練習をしておくと、自分の自由度を上げてくれます。

少しでも経験しておけば、それほど恐怖感を覚えなくなるものです。

「減速する」を「自分好みのスピードに変える」と考えてみると、選択肢がもっと広がります。

高速道路を降りる＝世界の終わり、ではありません。

どこであっても、私たちの「生活」という道は続くのです。

ちなみにいまの私は、車での移動は疲れたので、道草をしながらぼちぼち歩いているイメージです。

車に乗っていたときは「歩きなんて全然進まんし、つまらん」と思っていましたが、たまに誰かと一緒に歩いたり、道なき道のようなところにも行けたりと、車にはない楽しさがあることに気づきました。

いつでも、自分が好きな手段で、好きなスピードで移動できる方法を選べばいいだけではないでしょうか。

自産自消システム

いまの生活は、自分が向いていないことを手放して、「好きでしたいこと」だけ残っていった結果でもあります。

「好きでしたいこと」だけしか残らなかった、という方が正しいかもしれません。

低コストライフも、低コストに過ごせる仕組みを考えるのが面白いからです。

会社員として働いているとき、向いていないことをし続けるために、余分なお金を使って補わなければいけないことがたくさんありました。

ファッション音痴なのに、洋服を集めておしゃれしようとしたり。

インテリアに関心がそれほどないのに、色々揃えてこだわろうとしたり。

大勢の場が好きではないのに、誘われたら参加して無難に過ごそうとしたり。

いま思えば、全部自分に「向いていない」ことでした。

向いていないことにお金をかければかけるほど何かのリターンがある、と期待するのは大きな勘違いです。

向いていないことは、マイナスをかろうじてゼロにはできても、プラスにはしづらい気がします。

反対に、向いていることをするのは、自分に自家発電システムを内蔵するようなものだと、私は思っています。

自分に向いていないことをする→エネルギーが湧いてこない→お金で補うことになる……としんどいサイクルが生まれます。

一方、自分に向いていることをすると、自分に向いていることをする→対象がより好きになる→さらに上手くできるようになり嬉しい→自分にも自信がつく→嬉しいからまた向いていることをする……という、いいサイクルが生まれていきます。

私はこのサイクルを「自産自消システム」と勝手に呼んでいます。

例えば、

・自分がつくった料理を食べて美味しいと感じる
・自分が掃除した部屋を心地よいと感じる
・自分で書いた文章を読んで励まされる（!）

自分がやったことで自分を喜ばせる。これが、「自産自消システム」です。

なんだ自己満足か、という感想を持たれたかもしれません。

そうです、ただの自己満足です。

ですが私は、生活は誰かに評価されるものではなく、自分が満足しているかどうかが一番大事なのではないかと思うのです。

「自産自消システム」で生活と自分が満ちていると、誰かに何かしてもらいたくなくなるので、多少「材料費」のようなものは必要なものの、サービス料のようなお金はあまり使わなくなり、自然と生活費がかからなくなります。

もちろん、自分がエネルギー不足で「枯れ気味」であったり、あまりに苦手なことは、誰かにお願いしたり、頼った方がいいと思います。

ですが「自産自消システム」でまかなえる範囲であれば、それが一番低コストかつ、楽しめる気がするのです。

「自産自消システム」で私が一番素晴らしいと思っている点は、小さな満足を味わえることです。

誰かにやってもらったこと、お金を払って得たものには、得てして不満や高い要求などがつきまといますが、自分が好きでやったことなら、要求するのも、それを受け取るのも、全て自分です。

自分が多くを望めば、その望みを叶えるために、それだけ自分が成長せねばならず、そうなると、意外と「まあこれでいいか」という感じになり、小さくほどほどな満足を味わえるようになるのです。

もし上手くいかなくても、「もっと上手くなるためのきっかけ」にできるところも、気に入っています。

もし、洋服を自分で生地から仕立てたなら、「ちょっと襟が気に入らない」とか「丈が微妙」のような些細な点は気にしないと思うのです。

洋裁が得意な人ならまだしも、服をつくったことがない人なら、着られるものができただけで満足できることでしょう。

自分の得意なことをしているだけで、結構人は満足するのかもしれません。

「みんなできてるはず」を疑う

人は、もし得意なことがあったとしても「私よりできる人はたくさんいる」とすぐに他の例を思いついて、得意を引っ込めてしまうようです。

「自分ができてるのだから、みんなもできるはず」と思ってしまいがちですが、全くそうではないということを、発信してみてはじめて知りました。

私にとってはYouTubeで不定期更新している「かぜたみラジオ」がそうです。

台本も休憩もなしで、毎回一人で1時間以上話しています。

言葉が詰まって頭が真っ白になった！　ということも、いままで一度もありません。

私は「誰でもできる」と思っていましたが、多くのYouTuberが台本を書くのに多大な労力をかけていると知り、衝撃を受けました。

もし、「お金」「時間」「条件」から自分が得意なことは何か……と考えていたらきっと「1時間話す音声を収録する」なんて突飛なことには到底たどり着けなかった気がします。


きっかけをもらったのは、ライブ配信中にフォロワーから届いたコメントです。

「もう少し長く話してほしい」と要望が届き、10分、20分と話す時間が延びていき、最終的には1時間強も話すようになりました。

「さすがに長すぎでは」と思いましたが、いざやってみるとご好評いただき、かれこれ3～4年以上は収録を続けています。

自分が得意なことは「息をするようにできること」とか「負担がなくラクに継続できていること」とよく言われますが、本当にそうだと感じます。

周りからの「～してほしい」というお願いごとは的確なもので、「得意そうな球」を渡してもらえることが多い気がします。

このチャンスをきちんと受け取る姿勢を日頃からとっておけば、得意なことは探さなくても出会えると感じます。

もしかしたら、自分の得意が誰かの役に立つかもしれないのです。

得意かどうか自覚がなくても、とりあえず結果を考えず軽めに挑んでみるべし、です。

そぎ落とすのではなく「戻す」

人の幸せは本当に様々だなと思います。

みんなそれぞれでいいのに、「これでいいのだろうか」と不安をあおられることが多すぎて、悩まなくていいのに悩んだり、もう十分できているはずなのに、自分の実感不足になっているのではないかと思うのです。

私はいまの生活で、ようやく「自分はこういうことを幸せと感じるのか」とわかり、色々な発見をしました。

それまでは、もっとたくさんのスキルを身につけなきゃいけないんじゃないか、もっと収入があった方がいいんじゃないか、もっと頑張っていい評価を得た方がいいんじゃないか、もっといい生活を送った方がいいんじゃないか——と、不安を原動力に、不要なものまで吸収しようとしていました。

でも本当は、手元にあるものを大事にして暮らせば、それで十分だとわかりました。

あまり群れすぎず、孤独とも仲良くしておけば、自然と「これでよし」ができるのでは……と、自分のこれまでを振り返りながら本当にそう思います。

誰かと比べたり、人の視線を気にしたり、評価を基準にしてみたり。

そうして自分以外のことを気にしすぎて過ごすと、本来の自分からどんどん離れていってしまいます。

自分を変えたい！と、慌てて何かを取り入れるよりも、膨らみすぎた自分と生活をまず「元の状態」に戻すことの方がかなり大事です。

そのためには、「自分の感覚」を大事にすること、合わないことからは離れること、がいいきっかけになります。

そこからようやく、自分にとって必要なお金やものが明確に把握できるようになると思うのです。

慌てて取り入れない。少しずつ一歩一歩進めていくのが、なんだかんだ良いのです。

急がず焦らず

自分自身や生活を見直したいと思ったとき、よく思い描きがちなのが「いまよりものすごくいいバージョン」みたいな、どこにも存在しないイメージを描くことです。

私たちは一発逆転するような魔法をどうしても求めたくなってしまうようで、自分で試行錯誤する面倒さや大変さを避け、「これを買えばラクに解消できますよ！」とか、「この方法を試せば努力しなくても劇的によくなりますよ！」などの、甘いセールストークについ流されてしまった経験の一つや二つ、誰しもあることでしょう。

ですが、そうすると余計なお金が必要になり、持ち物も増えていってしまいます。すぐに解決しようとすればするほど、元の自分から遠く離れていってしまうのです。

自分自身と生活を整理してみて感じるのは、「取り外すには、取り入れたときと同じくらい時間がかかる」ということです。

焦って結果を得ようとすると、継続できなくなるのは当然です。「時間がかかる」ということを自分の真ん中に置いて、地道に取り組むくらいがちょうどいい気がします。

皆様は、はじめて自分で炊いたご飯の味を覚えているでしょうか。

はじめての卵焼きは、はじめてのおにぎりは、はじめての洗濯は、はじめての買い物は。

誰しも、「何も知らない」「わからない」というところからスタートしたはずなのに、これらの「はじめて」の感触も感想も、大体忘れてしまっています。

そのくらい時間をかけて、これまで色々なことを身につけてきているのです。

それらを身につけるのにかかった時間だけ、取り外すのも時間がかかると思えば、急いでできることはたかが知れていると、気持ちが軽くなるのではないでしょうか。

それまでは、焦りすぎず、急ぎすぎず、自分ができる範囲のことを、地道にやりながら過ごすのが一番です。

「上手くできなかったらどうしよう……」とか「もし失敗したらイヤだな」など、実行する前にあれこれ考えすぎて、動きが止まってしまう人が多いようなのですが、私的には「とりあえず」積み上げている最中こそ、多くのことに気づくことがよくあります。

自分の生活を自分でつくるのは大変です。

でも、だからこそ面白いと思うのです。

面白そう！ と興味をひかれることがあったら、その思いのまま動いてみるのが、上手くいくコツな気がします。

もちろん私も皆様と一緒に、これからも地道に見直し続けていこうと思っています。

よかったら、どうぞ一緒に積み上げていきましょう。

日常のどんな小さなことからでも。

いまの暮らしを船に例えるなら?

自分の生活を想像するとき、私は船に例えて考えるようにしています。

いま私が乗っているのは一人乗りのカヤックで、荷物は積める分だけ。もし転覆しても自分で起こせる大きさですが、万が一のために救命胴衣はつけています。

エンジンは自分が漕ぐパドルのみで、湖のように静かな水面を周りの自然の風景を眺めながら、真っ直ぐ進んでいっています。

「自分一人で切り盛りできる船に乗る」と決めてから、もう5年ほど経ちます。

なぜそう決めたかというと、こんな理由からです。

もし、たくさんの荷物を積めてゆったりと長距離を移動する、大型フェリーのような船を操縦したいなら、大きなエンジンが必要で、人手も維持費も莫大にかかります。万が一、転覆するような事故が起これば、自分で船を起こすのは無理です。沈む前に、咄嗟に判断するスキルや技術も必要になってきます。

周りに合わせて、より大きな船に乗り換えていった方がいいかなと悩んだこともありましたが、結局大きな乗り換えをすることなく、ずっと同じ船を使っています。特別不便は感じたことはなく、むしろ自分の操作スキルと判断力が高まっている感じがしています。

こんなふうに、自分の生活を船に例えてみると、その船体の操縦のために、どのくらいの維持コストや労力が必要かというのがわかりやすくなるのではないでしょうか。

私は、大きな船を購入する経済力も、操縦するスキルも、転覆した際の対応能力も持っておらず、船上で毎日いろんな人とパーティーで交流……のようなことも楽しめないので、気ままにマイペースで過ごせる一人乗りのカヤックの方が好きです。

最初、大体の人は私と同じように一人乗りの小さな船に少しの荷物を乗せて、社会に漕ぎ出すのだと思います。

でも漕ぎ進む中で、積み込む荷物が多い方がいいような気がしたり、もっと頑丈な船に乗り換えた方が安定する気がして、少しずつ少しずつ、元々乗っていた船よりも規模を大きくしていくうちに、船がどの方向に進んでいるのか見えなくなったり、操縦方法を忘れていってしまうのかもしれません。

周りを見ていると、一人乗りのカヤックに大量の荷物を乗せて操縦が難しくなっている人や、大きな船に乗り換えてから、スピードを出しすぎて事故を起こす人もいました。何のために大きな船にしたかわからなくなり、船を持て余す人の話も近頃はよく聞くようになりました。

一方で、大きくなりすぎた船の操縦や維持が大変で、積む荷物を減らして、小さな船に乗り換える人も増えてきています。私としては仲間が増えた感じです。

かなり時代を遡れば、自分が乗る船を選ぶ権利も選択肢もなかったかもしれませんが、いまはどの船に乗るかの選択肢がかなり広くなっています。

船のように、私たちも「見てわかる」レベルで自分の生活を把握できれば、どれだけラクでしょうか。

おそらく把握するのが難しいから、この本を手に取ってくださったのでしょう。

小さな船には小さな船の良さが、大きな船には大きな船の良さがあります。

自分がいま、どんな船に乗っていたら楽しく毎日を過ごせるのかをイメージしてみたら、乗るべき船のサイズ感や、乗せるべき荷物もわかりやすくなるのではないでしょうか。

ちゃんと漕ぎ出す場所を選ぶこと、乗せる荷物を欲張らないこと、自分の操作の腕を磨き続けさえすれば、カヤックもなかなか楽しいですよ！

ハッピーだったことを振り返る

浪費や散財が膨らんでいたとき、できていればなぁ……と思うことがあります。

それは「今日ハッピーだったこと」を振り返ることです。

仕事が終わったあと、旅行から帰ってきたあと、友達と遊んだあとなど、いつも私の頭の中に浮かんできていたのは「こうしたらもっと上手くいったかもしれないのに」とか、「もっと感じのいい対応ができたはずなのに」のような、いわゆる〝一人反省会〟でした。

そしてすっかり、仕事で充実したこと、旅行で楽しかったこと、友達と笑い合ったことなどを忘れてしまっていたのです。

こんな反省会マニアだった私も、「今日ハッピーだったこと」を振り返る習慣を取り入れるようになってから、「今日も無事に終われてよかった」と、ほんのり温かい気持ちで1日を終えられるようになりました。


いまこの本を手に取ってくださっている方の中に、「今日ハッピーだったこと」を日々振り返っている方は、どれだけいらっしゃるでしょうか。

かつての私と同じような反省会マニアたちが、毎夜毎夜、反省会を開催し続けている気がするのですが、どうでしょうか。

改善ポイントを見つけて、次に活かしていくという意味では、成長の糧にもなる一人反省会ですが、必要以上に自分にダメ出しをしてしまうことも多くあります。

今でこそ「上手くいかなくても、次にきちんと活かせば経験になる……!」と自分に熱いエールを送れるようにもなりましたが、一人反省会でこんな意見は一度も出たことがありませんでした。

一人反省会の一番タチの悪いところは、「次に活かす勇気がなくなる」点です。

活かすことよりも、その場面に遭遇すること自体を避けるようになったり、苦手意識が強まってしまうのです。

しかも、反省したくて実施している訳ではなく、知らない間になんとなく習慣でやってしまうというのも、なかなかやめられない原因である気がします。


私は、スーパーに貼ってある「お客様の声」を読むのが好きです。

「Aベーカリーのパン、毎日食べていたのでまた入荷してください！」「B社のジュース、息子が気に入っていたのですがもうないのですか？」など、かなりピンポイントな要望が多く、「人が生活するとはつまりこういうこと」が感じられてつい読んでしまいます。

でも一つ気になるのは、私の近所にあるスーパーでは、「お客様の声」の半分以上は現状の不満や改善を求める「厳しい声」で、褒めたり感謝を伝えたりする「ほっこりする声」はごく僅かなことです。

私たちはうっかりすると、一人反省会同様に、いいところもたくさんあるのに、改善点に焦点を合わせて、あらゆることに〝ダメ出し〟しがちなのかもしれません。

なので私は時々、日頃お世話になっているスーパーに「感謝のメッセージ」を書くようにしています。

こうした密かな善行活動は、そっと自分の胸にしまっておきたいところでしたが、ここまで読んでくださっている方だけに、こっそり明かしてみました。

この「感謝のメッセージ」を書いていると、むしろ私の方がじんわりと気持ちが温かくなり、次にスーパーを利用するときにも「ありがとう」の気持ちが長続きして、心の中でただ思っているよりも俄然いい感じなのです。

自分に対しても、ダメ出しモード↓ありがとうモードに変換するというのが、満足感やハッピー感を上げるのには大事ではないかなと思うのです。

「お客様の声」ならぬ「私への声」。皆様はどんなメッセージを書きますか?

わざわざ「私への声」を書かなくても、夜寝る前に「今日ハッピーだったこと」を一つひとつ思い出していくだけでも、自分をメンテナンスする時間になります。

私は寝る前に、その日ハッピーに感じたことを記憶から取り出してきて、もう一度ハッピーを実感し直すようにしています。

「昼に食べたご飯が美味しかった……」
「朝に散歩したら気持ちよかった……」
「お風呂に浸かるとやっぱりいい……」

みたいな感じです。

〝出来事〟までいかなくても、ハッピーに感じたことならなんでも取り出すようにしています。むしろ、小さなことを思い返せるほうが効果的です。

「朝に散歩したら気持ちよかった」とするよりも、「朝の空気が新鮮だった」や「鳥の声が聞こえてリラックスできた」など、より細かくハッピーに感じたことを思い出せた方が、ハッピーを感じる精度が磨かれる気がします。

ダメ出しばかりの一人反省会からシフトしたばかりのときは、まだこの取り出したハッピーも荒削りでしたが、続けていくうちに、かなり精度も上がっていきました。

思い出したときにやってみるだけでも、「ネガティブだったな」と、ハッと思い直すことがあり、同じ出来事でも自分の見方次第でかなり変わるものだと感じることも本当に多いです。

ハッピーとラッキーは別物

「今日ハッピーだったこと」を思い出すようになって気づいたのは、ハッピーな出来事として、お金に関することが思い浮かぶことはほとんどない、という点です。

「100円でキャベツが買えてよかった……」
「ランチ代を500円に抑えられた……」
「1000ポイント貯まった……」

みたいなことを思い出しても良さそうなものですが、実際に思い返したことは一度もありません。

幸せを感じるのはお金を使う行為や、お金そのものではなくて、結局「自分がどう感じたか」によるのかもしれません。

「キャベツ100円」「1000ポイントゲット」などは、「ラッキー」とは思っても、

「ハッピー」にまではならないようです。

いくら節約を頑張ってもなんだかしんどいのは、「ラッキー」は味わえても、「ハッピー」が不足しているからではないかとも感じます。

そう思うと、自分が何に幸せを感じて、どんなことに日頃から焦点を合わせていけばいいのかも意識しやすくなり、自分なりの「ハッピー」を感じられることが増えました。

余計なお金を使うことも減って、低コストライフもより充実していきました。

「今日ハッピーだったこと」を思い浮かべる時間を重ねることで、自分なりの「ハッピー観」がつくられていくのかもしれないな、と思います。

かぜたみ相談室

Q▼ 日常生活でモヤッとしたときのストレス発散方法や思考法は？

A▼「モヤッと」は、自分を理解するための材料にするのが一番だと思います。「なぜモヤッとしたのか」というところに、日常生活をより良くするための、ものすごく重要なヒントが潜んでいるからです。

「モヤッと」には様々種類があるようで、大体は過去に経験した「嫌な記憶」に無意識のうちに重ね合わせていることが多い……というのが、個人的な体感です。あとは、シンプルに「イヤ」のサインという場合も考えられます。

例えば、人から聞かれたくないこと、言われたくないことを言われたときなどに、「モヤッと」することはないですか？　あれはどうも「自分を守るためのモヤッと」なようで、これはこれで大事に扱ってあげた方がいいようです。

にしても、「モヤッと」って不思議な感情というか、磁石の同じ極を合わせたときのようにつかみどころのない感覚です。

どの「モヤッと」か考えてみると、色々な気づきがあるかもしれません。

第 4 章

暮らしを
キープする
心がけ

流れが穏やかな場所に行く

低コストライフの難しいところは、一度仕上げた小さい生活を続ける、ということにあると思います。

私たちがいま暮らしている環境では、自ら「買い物し続けるぞ」「サービスを利用し続けよう」という確固たる意志を持たなくても、気軽にお金を使えます。

それだけに、この「とくに深く考えずにものやサービスにお金を使う」という流れに逆らうのは、それなりの意志と習慣がなければ実行するのは困難で、ここに低コストライフの意義があると思うのです。

流れに逆らう、と書いてしまいましたが、低コストライフを送っている当人としては「流れから外れる」という感覚の方が強いです。

川に例えるなら、流れが速い川の真ん中に立っているのではなく、流れの穏やかな端の方に佇んでおく感じです。

低コストライフを続けるためには、この自分がいる場所を調整し続け、真ん中には極力近寄らない心がけが、なんだかんだで一番ラクな状態になります。

ただ端っこにいればいいだけなのに、それさえ難しくなるのは「みんな真ん中にいる」という状況が、自分もちゃんとあっちにいた方がいいんじゃないか、という焦りを生んでしまうからだと思います。


私がまず低コストライフをはじめた当初やったことは、節約意識を持つだけでなく「過疎っている」場所・時間帯を選んで行動することでした。

そうして混んでいる場所や時間帯を徹底的に外して気づいたのは、自分はかなりの割合で誰かの動きや、その場の状況に便乗して動いている、ということです。

ワゴンセールに人だかりができていたら自分も覗きに行きたくなりますし、何かの詰め放題でみんなが一生懸命何かを詰めていたら、やはり自分も惹かれてしまうのです。

なぜ惹かれるのかといえば、「なんだかみんな楽しそう」だから。

それだけのことでした。

川の端っこに佇むというのは、そんな真ん中にいる「みんな楽しそう」を遠目で見ることになります。

人によっては続けるのがつらくなったり、場合によってはできない人もいると思います。

そこは無理せず、自分がいて心地よい場所を選んで、時々端っこに行ってみるくらいでいいと思います。

逆に、いつもは端にいるけれど、時々ちょっと真ん中に近づくのもアリです。

私もたまに好奇心から真ん中に近づくときはあります。ただ、きちんと端っこに戻ることを忘れないようにしています。

これを続けることが、結構大事な極意になるのではないかなと思うのです。


川の真ん中は「みんなの価値観」、端っこは「自分の価値観」です。

この両方を行ったり来たりできる自由さがあると、低コストライフを続けるハードルも劇的に下がります。

みんなと自分、どちらの視点も得られて状況を客観的に見ることができ、生活をデザインする自由度が上がります。

みんなの価値観に全てを合わせなくてもいいし、かといって、自分の確固たる価値観を持たなければいけない訳でもなくて、行ったり来たりしながら、なんとなく自分がそのときに心地よい場所を見つけていく。

結局はそれが「ただ続ける」ことになり、やってきた道を振り返れば「続いている」ことなるのだと思います。

もし自分の暮らしを見直したい、というタイミングが訪れたら、自分が居続けたい場所はどこかな、と「川の真ん中」と「端っこ」を思い出していただくといいかもしれません。いたい場所にいれば大丈夫です。

それが、自分の居場所や生活になっていくのだと思います。

あとは待つばかり……と思ってみる

昨年くらいから、青しそをベランダで育てるようになりました。種から育てると増えすぎるので、苗を一つだけ買ってきてプランターに植えておくという、これ以上ない簡素な家庭菜園です。

私が手出しするのは青しそ程度のものですが、1株でもその存在があるだけで、毎夏の楽しみになっています。

スーパーで買えば10枚いくらで手に入るのは当然として、育てる場合は植えていてもすぐに収穫できる訳ではありません。

植えた後は、そっと成長を待つばかり、という時間の方が圧倒的に長いのです。完全に育った収穫物を得るよりもずっと安く、育つまでの楽しみの時間をも手に入れている感があります。

そしてこの待っている時間は結構楽しく、良き立ち止まりの時間です。

立ち止まる、というと「静止する」という感じがしますが、自分が何もしなくても植物は成長しているように、きっと私たちの身の回りのことも「植えたらあとは待つばかり」なことの方がもしかしたら多いのかもしれません。


園芸に不慣れな私でも、早く収穫したいからといって、あまりいじると後々ややこしいことになることくらいはわかります。

やたらにプランターの置き場所を動かしたり、無駄に肥料をやりたくなる気持ちが起こっても、そこはグッと「立ち止まる」なのです。

むやみにいじっても、ろくなことはありません。

低コストライフを送る際の注意事項も同じです。

なんでもすぐに手出しする習慣を思い改めて、日頃から「見えないけれど進んでいること」に思いを馳せてみるのも大事かな、と思います。

それは我慢でなく、成長の見守りです。

立ち止まってみると、焦って進ませる場合と比較できないくらい、良いことがあるかもしれません。

立ち止まる練習をする

毎日忙しく過ごしていると、何事もどんどん前に進めていくのが当然に思えてきます。ですが、低コストライフをそのペースで進めてしまうと、せっかくととのえた暮らしが、また膨らみやすくなってしまうかもしれません。

私はあえて、「こんなに立ち止まっていいのかな」くらいの体感で、立ち止まるタイミングを設けるようにすると、低コストライフもブレにくくなると思うのです。

いまの私たちの生活は、夜でも昼間のように明るくでき、冬でも夏のような気温にすることもできて、どんなことも自由自在に調整ができてしまいます。

でもその分、過剰に活動しすぎてしまうのではないか、と感じることがあるのです。

私はいまの暮らしになってから、ほとんど雨の日に外へ出ることがなくなりました。

外出しなければならない予定があれば別ですが、用事がないときに、わざわざ雨の日に外に出る必要がないからです。

格好よく言えば「晴耕雨読」な暮らしです。

通勤しているときは、濡れたり、傘を携帯せねばならない雨の日が大嫌いでしたが、いまはむしろ雨の日は心落ち着く、自分を省みるいい機会になりました。

雨が降っていると外も静かで、集中力が高まることが多いので、読書や考えごとに当てることにしています。雨の力を借りて、日常を立ち止まる練習をさせてもらっているようです。

疲れているときやモヤモヤしたものを抱えているときほど、不安から何か新しいことをしたくなるものですが、私は立ち止まってみるほうが、よっぽど有効な気がします。

立ち止まるのは、進むよりも難しく感じます。

なので、日常的に立ち止まる練習が必要です。

私の立ち止まる策を少しご紹介してみましょう。

▼立ち止まる策1　モーニングジャーナリング

朝、ノートに自分の頭の中にあることを、書き出すようになってから、悩みや不満が減っていきました。

この習慣をはじめたのは、昼間に考えあぐねているよりも、朝起きたてのときに問題の解決法をひらめくことが多くあったからです。

朝、まだぼんやりしているときの方が、本音や本心を表に出しやすいようです。

やり方は簡単で、あまり深く考えないようにして、そのとき思いついたことは全てノートに書いていきます。

すると、停滞していた状況が動きはじめたり、いいアイデアを思いついたりするのが不思議です。私は朝一番に、お茶などを飲みながらやっています。

ちなみに愛用しているアイテムは、気軽に書けるA4サイズの落書き帳です。たくさんページがある無地のノートのほうが、気楽に書き出せます。

▼立ち止まる策2　ボーッとする時間

以前と比べて、明らかに「何もしない時間」が増えています。

何もしない時間に、自分自身がきちんと情報の整理をしてくれることを実感できてきたからです。

最初は「何もしない」がどうしてもできず、頭の中にノイズが出てきて、うるさく感じていましたが、今はボーッとすることも上手くなってきました。

何かしなきゃ！　と駆り立てられるようにやったことが、あまりいい影響がないことに気づき、積極的に「何もしない時間」を保つようにしたのです。

その影響が一番色濃く出ているのが、旅行のときです。

以前は、お店や観光地などを猛スピードで巡ることを「旅行」としていましたが、いまはその場でしか味わえない空気感を身に染み込ませるような時間を、多くつくるようになりました。

すると、旅行先から帰ってかなり時間が経ってからも、「あのときのあの場所の空気、よかったなぁ……」とじわじわと思い出すことができて、楽しみの質が変化したことに気づけました。

立ち止まる、とは少し種類が違うように思えますが、日常生活によく起こりがちな「何かしなきゃ！」の衝動的な感じから少し離れるためには、〝じわっといい感じ〟を味わう「ボーッとする時間」が必要なのだと思います。

最初は手持ち無沙汰でイライラしてしまうかもしれませんが、続けていくと、自分の感性が変化するようです。

時間の使い方も、タイムマネジメントよりも体感の方が大事なのかもしれません。

▼立ち止まる策3　たまに生活圏を出る

日常生活にどっぷり浸かりすぎていると見えなくなることが増えます。いいことにしろ、不満にしろ、やはり「いつもいる場所」から離れなければ、自分が気づけないことも多いのです。

そういうときは「生活圏から少しだけ移動する」ことが有効であることに気づきました。これも「立ち止まる」とは違う印象を持たれるかもしれませんが、私的には「生活を回すのを少し止める」という意味で、立ち止まることの一種としています。

これまで短期スパンで引っ越しや旅行などをして、移動するのが大好きなタイプでしたが、低コストライフを送るうちに、わざわざ遠出したり、大きな変化を起こさなくても「大体1～2駅ほど移動すれば気分転換できる」ということに気づきました。

以来、あまり遠出自体しなくなり、なんとなく気持ちがモヤモヤしたときや、少し日常生活を離れたくなったら、1～2時間程度ぼちぼち歩くか、数駅電車に揺られて移動するかにサイズダウンしていきました。

そうして少し移動している間にでも、自分の悩みの根本的な問題点や、自分が本当に気になっていたことなどが、ふと頭に浮かんで、心と頭が晴れることが多いです。

いつも歩いている道や、日常風景から少し離れるだけでも、自分自身には目新しい刺激になるのかもしれません。

「ほんのわずかでいいから、いつもと違うことをする」というのも、私的な日常生活での立ち止まり方です。

潔く諦める

もっと自分は、執着したり、こだわったりする人間かと思っていましたが、低コストライフの影響か、諦める瞬間の訪れが以前と比べると圧倒的に早くなりました。

これまでは「諦める＝中途半端に終わらせること」と、どちらかというとネガティブなイメージがあり、できる限り避けるようにしていました。

諦めちゃダメ！　と自分を鼓舞したり、嫌々継続することもありました。

ですが、諦めるのが上手くなってからの方が明らかに、本当に望んだものが無理せず、頑張らずに手に入るようになりました。

前ならもっと、あがいたり努力して得ていたことも、諦めが早くなってからは「気づいたら目の前にあった」くらいの感覚です。

それらがなぜ起きたのかと振り返ってみれば、自分が「潔く諦めた」からだということに気づいたのです。

「諦めると手に入る」という、摩訶不思議な法則が存在する気がしています。

諦めるのは例えばこんなときです。

何か目当てのものがあって、買い物に行ったとします。

自分の目当ての商品がない！となった場合、大体は執念深い気持ちが湧き起こって、手に入るまで追い求めたくなるのが普通です。

でもそこで「いまの自分にはいらなかったのかな」と気持ちを切り替えるようにすると、目当ての商品よりも、さらに自分にぴったりのものや、また別の場でもっといいものに出会えたりすることが多いのです。

「これしかない」と思いこんでいるとき、きっとものすごく視野が狭くなっているのでしょう。そこで上手く「諦める」と視野が広がって、すぐ近くにあるチャンスにもきちんと気づけるようになるのかもしれません。

節約や低コストが捗る情報も、自分からガツガツ探しているときには、なぜかなかなか出会えず、潔く諦めて、ほぼ忘れているような状態の方が、自分が本当に必要な良い情報に出会えるようになりました。

もし日常生活で「もうちょっと探せば」とか「もうちょっといいものがあるかも」のような、「もうちょっと」という気持ちが出てきたときは、少しだけ「諦めてみる」ことが有効です。

諦めると次に進める、というよりも「自分がしつこく追い求めていると手に入らない」という方が正しい気がします。

いつ諦めるのがいいかといえば、諦めたくない気持ちが一番出てきたときが、潔く諦めた方がいいときです。攻めの姿勢より、退陣の姿勢が効くときもあります。

私は、諦めるのが早くなることで、前に進むのも早くなる気がしています。

諦めきれていないうちは、同じ場所で足踏みしているようなもので、エネルギーを使うわりには全然前に進めなかったりします。

「諦める」は、早めに気持ちを切り替え、次に進める状態にととのえる、ということなのです。

失敗したくないとか、間違いたくない！ と思うと、諦めきれない気持ちが出てくるのかもしれません。

慎重な姿勢になること自体には価値があるのかもしれないですが、時間や状況が変化し続ける限り、失敗や間違いを避けることはほぼ無理です。

私自身は、自分の直感としてこんな気持ちが出てきたら、諦めることにしています。

迷うなあ
なんか違うかも
失敗した！

と、こんな感じです。諦めるというよりも、やめる、という感じですね。

というのも、自分がした方がいいこと、本当にするべきことなら、きっと「続けたい」「このまま取り組みたい」という前向きな心持ちになるはずで、まず「諦めたくない」という気持ちにはならないと思うからです。

小さなコツとしては、「諦める」方に気持ちを向けると「諦めきれない」ことになりがちなので、前に進む方向を見るように習慣づけるのもいいかもしれません。

例えば、AとBという選択肢があって、迷った末にBを選ぶとき。

・Aを諦めてBにする
・シンプルにBを選ぶ

であれば、「シンプルにBを選ぶ」とした方が、気持ちも思考回路もスッキリする、と言えば伝わるでしょうか。

私は、「Aを諦める」という消極的な選択肢よりも、「私はBを選ぶ」という姿勢で日頃から過ごすのが、諦め上手になる秘訣だと感じます。

「諦め」の効果・効能はかなり大きいですが、どこに影響が出てくるのかは、かなり未知です。

そんなことも楽しみながら、ぜひ前向きな「潔く諦める」習慣を生活に取り入れてみてください。

「もうある」ことに目を向ける

人の意識とは不思議なもので「もうある」と思いながら、部屋を見回してみると「ある」と感じられて、「全然ない」と思いながらだと「ない」と感じたりします。

それなら、自分的に満足する方を選択した方が心も軽やかに、しかも余計なことをしなくてよくなります。

「ものが多い」と思いながら部屋を見ると、多く感じられます。それは自分が多くなるよう、そこに視点を合わせて部屋を見ているからです。

「ものが少ない」と思いながらだと「ない」部分だけを見て少なく見えるようです。

これはトリックでもなんでもなく、ただ、どこに焦点を合わせるかによって見え方が変わってくるだけのことです。

「もうある」に焦点を合わせればいいのに、それができなくなるときによく起こるのが「いまの状態ではダメだ！」という焦燥感です。

突発的にいまの自分や生活を振り切って変えてみたくなるときは、きっと〝欠乏病〟の症状の一種なのだと思います。私も過去、よくぶり返していました。

インテリアに凝りたくなったり、洋服をゼロから買い直してみたくなったり、どこか遠くへ旅行に行きたくなったり……。

それらで生活に変化を起こすことは少しはできるかもしれませんが、根本的には自分は何も変わっていないので、またどこかの時点で〝欠乏病〟が起きて……の繰り返しになります。

「もうある」「もうできている」ということを意識すると、焦りや不安を感じるとき、不思議と気持ちが落ち着きます。

むしろ、「まだ全然ない」とか「全くできていない」と思うから、きっと焦る気持ちや不安な気分になるのでしょう。

処方はただ一つ。「もうある」を思い返すこと、です。

ただ「もうある」と思い出す習慣を持つだけで、散財や浪費が減って、マイペースに自分の生活に立ち戻れる気がします。

諦める練習をする

先ほど、「潔く諦める」の話をしましたが、正直、低コストライフというもの自体が「諦める」ことと言っていい気がしています。

「諦める」というと、一見ネガティブな意味合いに思えますが、私の体感としては全くその逆です。

自分や誰か、どこかに対して期待するのをやめた方が、私は何かと上手くいくようになりました。

いまの世は、欲したものを探すにしろ、手に入れるにしろ、「もうちょっとで手に入れられる」とばかりに、無駄に粘りやすい環境がととのっていて、「諦める」ことが難しくなっている気がします。

ある商品をネットで見たら、レコメンドで似たような商品をおすすめされる。

欲しい商品が売り切れていても「入荷通知」のお知らせを届けてもらえる。

似たような商品や新サービスはどんどん出てくる。

売り手の「諦めさせてなるものか！」という強い意志さえ感じます。

去ろうとしても、引き止められることが多い世の中になっている、ということなのかもしれません。

そうした環境で暮らしていると、自ら積極的に「諦める」ことをしないと、どんどん自分以外の要素に巻き込まれていく気がします。

私にも体験がありますが、ものすごく急を要していて、どうしてもいま手元にないと困るものやサービスは、日常生活においてはほとんどありません。

自ら前向きに諦めた方が手元のお金も減らず、持ち物も増えずで、シンプルにスッキリ過ごせるようになりました。


しかし諦めることも、前述した「立ち止まる」ことと同じく、日頃の練習がないとなかなか上手くできないものです。

そのためには、色々なパターンの「マイ諦めワード」を、あらかじめ準備しておくのがいいです。

例えば私には、頭の中にこんな「マイ諦めワード」があります。

単語帳感覚で、ぜひご活用ください。

〈行動編〉求めるものが得られなければ一旦引く
・また次に来店したときに見てみる
・1週間は様子を見て以降は気にしない
・他の店を巡りたくなっても控える
・代わりのものを探し回らず一旦忘れる

〈言葉編〉執着せず気持ちを切り替える
・「ご縁がなかった」
・「いまはまだ必要ないのかも」
・「また本当に必要になったら手に入る」
・「いまの自分とは違ったのかも」

いわば「押してダメなら引いてみる」作戦です。
買うことが足し算だとすれば、諦めることは引き算です。
どちらの計算もできた方が、低コストライフは捗ります。

補足しておきたいのは、「諦めなきゃ」という〝やらなきゃ思考〟になると、かえって執着心が強まってしまうので注意です。

その場合は〝こうしなきゃ〟と力むよりも、「諦めなくてもよし」とか「引き続き様子を見よう」などにしてみると、気づいたら自然と諦められています。

あまり深く考えず、まずは諦め慣れるのが第一歩です。

かぜたみ相談室

Q▼「面倒くさい」という気持ちを取り払うコツは？

A▼日常には「面倒くさい」が潜みやすいようで、結構あちこちに存在しますよね。シッシッ！と取り払おうとすると、しつこく付きまとってくるので、あっさり「面倒くさい」を認めてみるといいかもしれません。

心の内側の流れとしては、「面倒くさい」とまずしっかり思って、その上で「でもやろうかな」とすると、ふつふつと「できる気がしてきた！」となることがよくあります。

あとは3章でもご紹介した「にもかかわらず」を活用するのも良さげです。「面倒くさい、にもかかわらず、やろうとしている私は本当にすごい」のような盛りつけ方をすると、わりと動きやすくなるかもしれません。

ですが世の中、真面目な人が多いのか「それはやらなくていいだろう」ということを、「やらなくていい」と判断せずに、「面倒くさい（やりたくない）」と感じている人も少なくないようで、「普通にやらなくていいのでは案件」も多めに混じっている気がします。

純粋な「面倒くさい（だるい）」なのか、「面倒くさい（やりたくない）」なのか考えてみると、また次の手も浮かぶのではないでしょうか。

おわりに　「幸せ」について考える

いきなり高尚なことを申してしまうようですが、幸せは、考え続けることでようやく実感できるようです。

私たちは薄情なことに、幸せについて考え続ける機会がないと、いくら幸せだったとしても「それが普通」と慣れていってしまうため、そんな慣れを防止するためにも、少しくらいの不便があった方がちょうどいい気がしています。

私が低コストライフを好んでいるのは、少しくらいの不便があったり、お金をあまり使ったりしない方が、自分が何を幸せと感じるのかを、自分自身に問い続けられるからです。

お金を自由に使いまくっているときよりも、私自身の幸福実感度がかなり上がった確信があります。

実は私たちは「幸せなのかな？」とはよく考えているようで、それが災いのもとである気がするのです。

私は幸せなのかな？　と疑問を持てば持つほど、色々なものやサービスが必要な気がして、その分お金を使う必然性が増していきます。

「幸せになりたい」というよりも、「いま、私は幸せなのかな？」という疑問を払拭したいがために、お金を使うことのほうが多いのではないでしょうか（1ミリの隙もなく「私は幸せです」と徹底的に言い切るためにお金を使う方もいらっしゃる気がするので、この辺りは難しいところです）。

私は低コストライフを通して、「これが幸せってことなのかも」を自分自身に問いかけ続けています。

新緑の頃、近所を散歩して「これが幸せってことなのかも」と思い、朝気持ちよく起きられて「これって幸せなのかも」と思い、自分が思いついたアイデアをすぐに実行できると「幸せとはこういうことなのかも」と思ったりと、幸せな状態に身を置き続けるというよりも、幸せなのかもと感じる瞬間があることがきっと大事なのです。

これを持てば幸せですよ、あれがあると幸せになりますよ、とはじめから「幸せを保証&提示」されているものが、てっきり幸せなのかと思いきや、そうでもないのです。

与えられるものではなく、自分で感じるもの、自分で見つけるもの、という感覚で過ごすのも大事な気がします。

幸せといえば、ベタに四つ葉のクローバーが浮かびましたが、みんながみんな、四つ葉のクローバーを探したり、手にしなくてもよく、自分が好きなものを「これが私の幸せの象徴です」とするのが、自分にとっての幸せを考え続けることではないかなと思います。「四つ葉のクローバーを見つけられていない」と凹んだり、コンプレックスに感じたりする必要はないと思うのです。

２０００万円くらいする四つ葉のクローバーがあったとして、それを買えなくても幸せになれない訳ではありません。

もっと低コストだったりプライスレスなことを、自分で見つけるのが大事なのだと思います。

自分にとっての幸せは、随時更新されていきます。

なぜなら、人の生活に「これで完成」ということはないからです。

自分の幸せを感じにくくなったら、低コストに暮らしてみると、何が自分にとっての幸せだったかを上手く実感できる感覚を取り戻せるかもしれません。

その見直し方法を、私なりにではありますが、この本にまとめました。

一つひとつ、点検するように進めていくのが、結局は近道です。

小さなことに思えても、何がどう影響しているかは結構、神のみぞ知る、です。

自分で勝手に判断せず、手当たり次第なんでもやってみるのが大事なのだと思います。

何を幸せと感じるのか、と対象をとっかえひっかえし続けるライフも楽しいですが、自分の幸せ感知機能を自分で調整するライフが私は好みです。


幸せなライフは、誰かから授かるものではなくて、自分の手でつくるものです。

お金という自由に使えるツールがあると、うっかり忘れそうになりますが、自分の手でつくり、きちんと感じることが大事なのです。

私も日々点検し続ける身ではありますが、この本が、幸せを感じ直す一考となるよう、願っています。それでは素敵な低コストライフを！

かぜのたみ

YouTuber。「暮らしと自分をととのえる」をテーマに、YouTubeでの音声配信「かぜたみラジオ」のパーソナリティをつとめる。活動当初はミニマリストとして発信を始めたが、ものだけでなくお金の使い方や働き方など、生活にまつわるあらゆる側面へ見直しの幅を広げ、月の生活費7万円以下の小さな暮らしにたどり着いた。ラジオでの柔らかな語り口と、物事の本質をつく鋭い内容が話題を呼び、現在のSNS総フォロワー数は8万人を突破している。本書が初の著書。

低《てい》コスト生活《ライフ》

がんばって働《はたら》いている訳《わけ》じゃないのに、
なぜか余裕《よゆう》ある人《ひと》がやっていること。

2023年11月30日 第1刷発行
2024年 9 月10日 第5刷発行

［著者］ かぜのたみ
［発行者］ 宇都宮健太朗
［発行所］ 朝日新聞出版
〒104-8011 東京都中央区築地5-3-2
電話 03-5541-8832（編集）
03-5540-7793（販売）
［印刷所］ 中央精版印刷株式会社

Published in Japan by Asahi Shimbun Publications Inc.
ISBN 978-4-02-251947-4
定価はカバーに表示してあります。